ESTUDOS SOBRE
O TRATADO DE LISBOA

MARIA LUÍSA DUARTE
Doutora e Agregada em Direito
Professora Associada da Faculdade de Direito
da Universidade de Lisboa

ESTUDOS SOBRE O TRATADO DE LISBOA

Reimpressão

ALMEDINA

ESTUDOS SOBRE
O TRATADO DE LISBOA

AUTORA
MARIA LUÍSA DUARTE

EDITOR
EDIÇÕES ALMEDINA. SA
Rua Fernandes Tomás, n.os 76, 78, 80
3000-167 Coimbra
Tel.: 239 851 904
Fax: 239 851 901
www.almedina.net
editora@almedina.net

PRÉ-IMPRESSÃO | IMPRESSÃO | ACABAMENTO
G.C. GRÁFICA DE COIMBRA, LDA.
Palheira – Assafarge
3001-453 Coimbra
producao@graficadecoimbra.pt

Março, 2012

DEPÓSITO LEGAL
310762/10

Biblioteca Nacional de Portugal – Catalogação na Publicação

DUARTE, Maria Luísa

Estudos sobre o Tratado de Lisboa.
(Manuais universitários
ISBN 978-972-40-4232-9

CDU 341

NOTA DE APRESENTAÇÃO

Reúnem-se neste livro três trabalhos elaborados para acudir a solicitações diferentes, entre Novembro de 2009 e Março de 2010. O Tratado de Lisboa é o objecto central deste nosso trabalho. O primeiro estudo responde, sob o império de uma preocupação pedagógica, à lacuna temporária de um Manual em curso de actualização, e é dedicado a uma apresentação da génese, conteúdo e significado do Tratado de Lisboa. O segundo estudo leva a cabo uma análise mais aprofundada sobre uma das principais áreas de revisão do Tratado de Lisboa, relativa à protecção dos direitos fundamentais. O terceiro estudo, sobre o Acórdão do Tribunal Constitucional alemão de 30 de Junho de 2009, é uma reflexão sobre as implicações decorrentes do Tratado de Lisboa para o estatuto jurídico dos Estados-membros no seio da União Europeia.

Gostamos de acreditar que a leitura que propomos deste Tratado ajudará a levedar o gosto pela descoberta de um texto de parto difícil, aberto e interpelante no seu espaço de significação, que se cruzou com a feliz oportunidade de ser assinado em Lisboa.

Lisboa, 19 de Março de 2010

O TRATADO DE LISBOA – UMA VISITA GUIADA AO NOVO ESTATUTO JURÍDICO DA UNIÃO EUROPEIA

I. Da dita Constituição Europeia ao Tratado de Lisboa

1. Após a criação da União Europeia pelo Tratado de Maastricht, o processo de construção europeia, que vivera mais de três décadas no remanso de tratados sujeitos a revisões de âmbito limitado[1], entra

---

[1] Recorde-se que até ao Acto Único Europeu (1986) as revisões incidiram unicamente sobre a fusão das instituições comunitárias (Tratados de 1957 e de 1965), sobre aspectos da função orçamental comunitária (Tratados de 1970 e de 1975) e sobre adaptações de ordem

num período de intenso frenesim de reforma jurídico-institucional. Sucedem-se vários Tratados: Maastricht (1992), Amesterdão (1997) e Nice (2001) numa demanda, sempre inconcluída, por um novo modelo de funcionamento da União Europeia[2]. Entre 1992 e 2007, data de assinatura do Tratado de Lisboa, distam quinze anos, marcados por avanços e recuos, associados a um ambiente de forte turbulência política e ideológica própria de um *processo de revisão em curso* (PREC). O passo mais arriscado, que foi dado apesar do alerta *terreno perigoso e escorregadio*, conduziu à chamada Constituição Europeia.

2. Em Dezembro de 2001, através da Declaração de Laeken, o Conselho Europeu assinalou a necessidade de a União se tornar "*mais democrática, mais transparente e mais eficaz*". Reflectindo sobre o inconveniente de a União assentar sobre quatro tratados[3], o Conselho Europeu sublinhava o imperativo de "*proceder a uma simplificação*". O mandato de Laeken limitou-se a colocar a aprovação de uma Constituição como hipótese futura, um ponto a convocar reflexão em fase ulterior: "*(...) coloca-se a questão de saber se esta simplificação e reestruturação (dos Tratados) não poderão conduzir, **a prazo**, à aprovação na União de um texto constitucional*" (ênfase acrescentada).

institucional na sequência de adesões de novos Estados-membros. O Acto Único Europeu, que foi a primeira revisão de regras substantivas, teve, todavia, um alcance modesto – v., por todos, Jean de Ruyt, *L'Acte Unique Européen*, 2.ª ed., Études Européennes, Ed. de l'Université de Bruxelles, 1989.

[2] Na gíria comunitária, ficaram conhecidos por *leftovers* ou *restos*, alterações necessárias e, contudo, adiadas para o tratado seguinte por mor da falta de consenso em torno dos aspectos mais controvertidos, como acontecia com as reformas das instituições comunitárias e os respectivos procedimentos de decisão. Os próprios Tratados reconheciam o adiamento da decisão e agendavam nova revisão, as chamadas cláusulas de "rendez-vous". A Declaração n.º 23, anexa ao Tratado de Nice, relativa ao futuro da União, previa a convocação para 2004 de uma Conferência Intergovernamental, o que veio a suceder e da qual resultou a aprovação da Constituição Europeia.

[3] O Tratado CECA expiraria na data de 26 de Julho de 2002, ao perfazer 50 anos de vigência. Em vigor, mantiveram-se o Tratado da União Europeia (TUE), o Tratado da Comunidade Europeia (TCE) e o Tratado da Comunidade Europeia da Energia Atómica (TCEEA).

3. O objectivo de revisão dos Tratados levou à convocação de uma Convenção – a chamada Convenção sobre o Futuro da Europa, depois conhecida por Convenção Europeia –, composta, à semelhança do que já ocorrera com a Convenção que elaborou a Carta dos Direitos Fundamentais da União Europeia, por representantes dos governos dos Estados-membros, dos parlamentos nacionais, do Parlamento Europeu e da Comissão. Presidida pelo francês Valéry Giscard d'Estaing, a Convenção prolongou os seus trabalhos entre Março de 2002 e Julho de 2003. O projecto de Tratado que estabelece uma Constituição para a Europa, comummente designado por Constituição Europeia, foi adoptado, por consenso, nas reuniões de 13 de Junho e 10 de Julho de 2003. Numa segunda fase, e no quadro do processo formal de revisão do artigo 48.º do Tratado da União Europeia, foi convocada uma Conferência Intergovernamental (CIG) que aprovou, com algumas alterações, o texto proposto pela Convenção. Seguiu-se a assinatura do tratado pelos mais altos representantes dos 25 Estados-membros, reunidos em Roma, em 29 de Outubro de 2004.

4. A despeito de a Declaração de Laeken deixar claro que a opção constitucional não deveria ser objecto de decisão por parte **desta** Convenção, o entendimento que prevaleceu desde o início dos trabalhos foi outro. Empurrados pela visão messiânica do seu Presidente, decerto também influenciados pelo antecedente histórico da Convenção de Filadélfia que esteve na origem da Constituição dos Estados Unidos da América de 1787, aos "convencionais" pareceu natural e oportuno chamar Constituição ao novo pacto. Ao fazê-lo, a Convenção, em nome de uma certa representação do futuro federal da União Europeia, no desenvolvimento de um assumido exercício voluntarista de refundação do esteio jurídico do processo de construção europeia, virou costas à "*prudência semântica*"[4] que, com êxito, durante décadas, foi seguida na configuração original do recorte jurídico das Comunidades Europeias. Como já tivemos oportunidade de diagnosticar, numa fase, aliás, anterior à decisão definitiva de abandono da Constituição Europeia, a imprudência semântica, muito mais

[4] A expressão pertence a P. MAGNETTE, in *La Constitution de l'Europe*, Bruxelas, 2000, p. 15.

do que o verdadeiro conteúdo do tratado, ditou o seu destino[5]. Foi uma situação de desfecho pedestre em que o *nome matou a coisa.*

5. Na verdade, importa reconhecê-lo, a Constituição Europeia definia soluções não muito diferentes daquelas que acabariam por vingar sob a forma prudente de um tratado, com nome de tratado, assinado três anos depois em Lisboa.

A Constituição Europeia, texto longo de 448 artigos, estava dividida em quatro partes:

- a Parte I, de função introdutória, definia princípios e critérios basilares relativos à existência, estrutura institucional e funcionamento da União. Aqui se aglutinavam referências a um rol muito diversificado de matérias – valores, objectivos, relações entre a União e os Estados-membros, símbolos, direitos fundamentais e cidadania da União, competências, instituições e órgãos, nomenclatura dos actos jurídicos, cooperação reforçada, vida democrática da União, finanças, qualidade de membro da União;
- a Parte II incorporava o texto da *Carta dos Direitos Fundamentais da União Europeia*, proclamada em Nice;
- a Parte III, a mais longa e de cariz mais regulador, era dedicada às *Políticas e Funcionamento da União*;
- a Parte IV correspondia às *Disposições Gerais e Finais*"[6].

6. Para além do nome – *Tratado que estabelece uma Constituição para a Europa* (TECE) –, o tratado assinado em Roma estabelecia determinadas soluções claramente extraídas de uma forçada homologia entre a União e o Estado e, em especial entre a União e o Estado Federal, que alimentaram, nos vários Estados-membros, o movimento anti-Constituição. Assim acontecia com os símbolos da

---

[5] Cfr. Maria Luísa Duarte, *União Europeia e Direitos Fundamentais – no espaço da internormatividade*, Lisboa, AADFL, 2006, p. 175.

[6] Para uma caracterização mais desenvolvida do conteúdo, v. Maria Luísa Duarte, "A Constituição Europeia", in *Enciclopédia Verbo – Annualia 2005/2006*, Lisboa, p. 33, com indicação de bibliografia atinente (texto republicado in *Estudos de Direito da União e das Comunidades Europeias*, Coimbra Editora, II, 2006, p. 398 e segs).

União (bandeira, hino, lema, moeda, dia da Europa – v. artigo I-8.º, TECE); com a designação dos actos jurídicos da União como *leis europeias* e *leis-quadro europeias*, segundo critérios de articulação hierárquica semelhantes aos actos estaduais (v. artigos I-33.º a I-39.º, TECE); com a criação da figura do Ministro dos Negócios Estrangeiros (v. artigo I-28.º, TECE); com a enunciação expressa do princípio do primado do Direito da União Europeia sobre o Direito dos Estados-membros (v. artigo I-6.º, TECE).

7. Os referendos negativos em França[7] e nos Países Baixos[8], realizados em Maio de 2005, mergulharam a Europa numa profunda crise política. Com o processo de ratificação em curso, tornou-se evidente, embora não fosse de imediato reconhecido, que não existia futuro para a Constituição Europeia. A ambição retórica de um programa constitucional para a Europa lançou, na verdade, os Estados-membros num beco de difícil saída. Em nossa opinião, o malogro da Constituição Europeia, ultrapassado, é certo, com o Tratado de Lisboa, não deve ser pura e simplesmente esquecido. Este episódio da história da integração europeia constitui, como sucedeu em 1954 com a rejeição da Comunidade Europeia de Defesa, um exemplo dos riscos que o projecto europeu corre com soluções de puro voluntarismo político, esvaziadas de músculo democrático, reduzidas à estética do nominalismo conceitual. Mas, à semelhança do que se passou a seguir à rejeição de 1954, a crise transformou-se numa oportunidade de avaliação das soluções alternativas, guiada pela perspectiva de avatares sem ruptura. O Tratado de Lisboa é, por isso, o regresso ao caminho seguro e conhecido do método comunitário, a expressão da doutrina renovada do contratualismo como base de sustentação da União Europeia, decorrente da vontade soberana dos Estados-membros (v. *infra II*).

8. No Conselho Europeu de Junho de 2005, em reacção ao resultado dos referendos em França e nos Países Baixos, os Estados-membros deram o seu acordo a uma pausa para reflexão, com a

---

[7] Em França, com uma participação de 69,34% do eleitorado, o não foi dito por 54,68% dos votantes.

[8] Nos Países Baixos, a participação atingiu 63% e o voto contrário foi de 61,6%.

duração de um ano. O Conselho Europeu de Junho de 2006 prorrogou por mais um ano este compasso de espera, aguardando pela realização das eleições presidenciais francesas. Por outro lado, a Alemanha, que assumiria a presidência da União Europeia no primeiro semestre de 2007, recebeu dos restantes parceiros a incumbência de preparar uma saída. Sem o explicitar, o Conselho Europeu anunciava o óbito da Constituição Europeia.

A ocasião escolhida para apontar um outro caminho de saída da crise foi a Cimeira de Berlim por altura da celebração do 50.º aniversário da assinatura dos Tratados de Roma (25 de Março de 2007). Os Estados-membros invocam, então, o objectivo de fazer assentar a União Europeia "*sobre bases comuns renovadas até às eleições do Parlamento Europeu de 2009*".

9. Segue-se um período de relativa indefinição, com um grupo alargado de Estados-membros, os chamados "*Amigos do Tratado Constitucional*"[9], a insistir na viabilidade da opção constitucional, contra a oposição declarada de Estados como a França, Países Baixos, Polónia, República Checa e Reino Unido.

O Conselho Europeu de Junho de 2007 concretiza a decisão de abandono da Constituição Europeia[10] e incumbe uma nova Conferência Intergovernamental de preparar um "*Tratado reformador*" dos tratados em vigor[11]. Coincidindo com a presidência portuguesa da União no segundo semestre de 2007, os trabalhos correm céleres. Foram suficientes apenas três reuniões da CIG para chegar à versão definitiva do Tratado Reformador que, assinado pelos mais altos representantes dos 27 Estados-membros em cerimónia solene realizada no Mosteiro dos Jerónimos, na data de 13 de Dezembro de 2007, passou a ostentar a mais inspiradora designação de Tratado de Lisboa.

[9] O Governo de Madrid promoveu em Janeiro de 2007 um encontro dos Estados-membros que já tinham ratificado (em número de dezoito) ou que não teriam dificuldade em fazê-lo – entre estes, Portugal e a Irlanda.

[10] O mandato de 22 de Junho de 2007 enfatiza este aspecto ao determinar: "***o conceito constitucional, que consistia em revogar todos os tratados actuais e substituí-los por um texto chamado Constituição é abandonado***".

[11] *Traité modicatif* em francês e *Reforming Treaty* na versão inglesa.

Um tão rápido desfecho para um período de mais de dois anos de bloqueio decisional, torna pertinente a questão de saber se o Tratado aprovado em Lisboa não corresponde afinal, e no essencial, ao texto da Constituição, mas despido dos pesados atavios constitucionais[12]. Antecipando já a nossa resposta a esta interrogação: o Tratado de Lisboa mantém, em larga medida, as soluções vertidas na Constituição Europeia[13], mas o processo de "desconstitucionalização" que consuma tem um significado que ultrapassa largamente os aspectos relacionados com a nova designação e a supressão de disposições de analogia estadual ou federal. Como veremos, o Tratado de Lisboa recupera o significado pactício do estatuto jurídico da União, actualizando-o ao estádio actual de evolução do processo de integração europeia (v. *infra II*).

10. A questão de saber se era ou não um novo Tratado não se quedou pelo circuito restrito do meio académico. Na verdade, a questão ganhou centralidade no debate sobre o Tratado de Lisboa, a propósito da sua ratificação nos diversos Estados-membros.

Em Portugal, o problema foi abordado como parte da argumentação daqueles que defendiam a realização do referendo, mas também, e curiosamente, daqueles que sustentavam a posição contrária. A consulta referendária estava prevista para o processo de aprovação da Constituição Europeia. Com esse propósito, foi aditado à Constituição um novo artigo, o artigo 295.º, com uma redacção que viabilizaria os referendos de tratados sobre "*a construção e aprofundamento da união europeia*"[14]. Em Janeiro de 2008, o Governo Português

---

[12] Para uma resposta a esta questão, diferente daquela que propomos, v. Maria José Rangel MESQUITA, "Sobre o mandato da Conferência Intergovernamental definido pelo Conselho Europeu de Bruxelas: é o Tratado de Lisboa um novo Tratado?", in *Estudos em honra do Professor José de Oliveira Ascensão*, vol. I, 2008, p. 551 e segs.

[13] Com uma comparação elucidativa, v. Paulo de Pitta e CUNHA, *Tratado de Lisboa*, Lisboa, IE, 2008, p. 31 e segs. (quadro sinóptico comparativo).

[14] Recordem-se as duas iniciativas goradas de realizar referendos sobre matéria europeia: primeiro, em 1998, a propósito do Tratado de Amesterdão; depois, em 2004, estando em causa a ratificação da Constituição Europeia. Nos dois casos, a proposta de consulta foi rejeitada pelo Tribunal Constitucional por considerar as questões enunciadas contrárias aos requisitos do artigo 115.º, n.º 6, da Constituição. Com uma análise desta jurisprudência, incluindo uma apreciação crítica da posição muito restritiva do guardião da Constituição em

anunciou que, afinal, o Tratado de Lisboa seria aprovado através da via parlamentar, com exclusão do referendo. Justificou-se o Executivo que o Tratado de Lisboa seria um novo Tratado, diferente da Constituição Europeia, pelo que o compromisso do referendo assumido em relação ao tratado "constitucional" assinado em Roma já não faria sentido para o tratado "comunitário" assinado em Lisboa. Sem cuidar agora de saber quais foram as verdadeiras razões que estiveram na base desta decisão[15], importa ressaltar que, mais uma vez, se perdeu a oportunidade de sujeitar a referendo um tratado europeu, o que teria a dupla vantagem de alargar a base de legitimação da participação de Portugal no processo de construção da União Europeia e, sobretudo, de, por via da campanha referendária, dar a conhecer aos cidadãos o projecto europeu nas suas diferentes condicionantes.

11. Nos restantes Estados-membros, com excepção da Irlanda, a aprovação também seguiu o formato simplificado de voto parlamentar. Ainda assim, o processo de ratificação enfrentou dificuldades na Alemanha, com a instauração de um recurso para o Tribunal Constitucional[16], na República Checa, por idênticas razões, e na Polónia, onde o Presidente reivindicou o direito de só assinar depois de superada a situação criada pelo referendo irlandês. A Irlanda, por imposição constitucional, submeteu o Tratado de Lisboa a referendo. A consulta, realizada em 12 de Junho de 2008, registou uma participação de 53% do eleitorado que, por uma maioria de 53% dos votos, rejeitou o Tratado de Lisboa[17].

---

relação ao referendo sobre questões europeias v. Maria Luísa Duarte / Carla Amado Gomes, "Portugal", in Javier Tajadura e outro (coord.), *Justicia Constitucional y Unión Europea*, Madrid, 2008, p. 269 e segs.

[15] Portugal seria o nono Estado-membro a notificar os instrumentos de ratificação do Tratado de Lisboa. Aprovado pela Assembleia da República em 23 de Abril de 2008 (v. Resolução n.º 19/2008, D.R., 1.ª série, n.º 96, de 19 de Maio de 2008, p. 2703), seria ratificado pelo Presidente da República na data simbólica de 9 de Maio de 2008 (v. Decreto n.º 31/2008, D.R., 1.ª série, n.º 96, de 19 de Maio de 2008).

[16] Sobre este recurso e a decisão proferida pelo Tribunal Constitucional alemão, v. infra *O Tratado de Lisboa e o teste da "identidade constitucional" dos Estados-membros – uma leitura prospectiva da decisão do Tribunal Constitucional alemão de 30 de Junho de 2009.*

[17] Sobre os fundamentos e as implicações desta votação, v. AA.VV., *Conferência Internacional: o referendo irlandês e o Tratado de Lisboa*, Revista de Estudos Europeus, 2009, n.º 5, p. 7 e segs. Tendo participado nesta Conferência, nela defendemos, com convicção,

O resultado do referendo irlandês introduziu no debate europeu alguma radicalização de argumentos. Para alguns, uma maioria de 53% de 53% de votantes de uma população de 4,4 milhões de cidadãos não poderia bloquear a vontade de uma população de 500 milhões de habitantes. *Argumento falacioso*, porque obnubila a especificidade do procedimento de revisão dos Tratados que garante a absoluta igualdade entre os Estados-membros e que exige o acordo de todos os Estados, sem atender ao seu respectivo peso demográfico. *Argumento perigoso*, que desvaloriza, por razões de pura oportunidade política, a autoridade democrática de uma consulta referendária; ao mesmo tempo, ignora a autoridade da Constituição de um Estado-membro, neste caso a Constituição Irlandesa, que impõe o referendo para a aprovação de tratados que envolvam alterações ao texto constitucional: tal era o caso do Tratado de Lisboa, como já acontecera com os precedentes Tratados da União Europeia.

12. O referendo irlandês recriou o receio de um novo bloqueio, porventura mais difícil de ultrapassar do que o vivido a seguir aos referendos francês e holandês de 2005. A crise financeira que abalou o Mundo em Setembro de 2008 introduziu, num primeiro momento, um elemento suplementar de dificuldade na definição de um plano de resgate do Tratado de Lisboa, mas, curiosamente, num segundo momento, a crise vincou a premência de uma Europa unida e politicamente activa, que dependia da entrada em vigor do novo estatuto jurídico das instituições da União Europeia.

No Conselho Europeu de 12 de Dezembro de 2008 foram dadas determinadas garantias à República da Irlanda, nomeadamente a manutenção da sua soberania em matéria fiscal, o respeito pela sua tradicional neutralidade, a intangibilidade da sua Constituição no domínio do direito à vida, à educação e do direito da família; em particular, a Irlanda obteve o acordo relativo à composição da Comissão que, mesmo após a entrada em vigor do Tratado de Lisboa, "*continuará a ser constituída por um nacional de cada Estado-membro*". Em contrapartida, a Irlanda comprometeu-se a promover nova consulta referendária antes de Novembro de 2009.

---

a adequação do referendo para legitimar saltos qualitativos no processo de aprofundamento da integração política (v. p. 99).

13. O segundo referendo realizou-se no dia 2 de Outubro de 2009: com uma participação superior ao referendo de 12 de Junho de 2008 (59% de votantes), registou uma expressiva vitória do sim (67%).

Removido este obstáculo, o Tratado de Lisboa ainda teria de lidar com um derradeiro braço de ferro por parte do Presidente da República Checa que condicionou a sua assinatura à garantia sobre a inaplicabilidade da Carta dos Direitos Fundamentais da União Europeia (v. Protocolo relativo à aplicação da Carta dos Direitos Fundamentais da União Europeia à República Checa, Anexo I às Conclusões do Conselho Europeu de Bruxelas, de 30 de Outubro de 2009)[18].

O Tratado de Lisboa, cuja previsão inicial de vigência apontava para 1 de Janeiro de 2009 (v. artigo 6.º, n.º 2), acabaria por entrar no universo dos viventes jurídicos em 1 de Dezembro de 2009.

---

[18] A necessidade de acomodar os pedidos e exigências feitos pelos Estados-membros, como se verificou com a Irlanda e a República Checa, reclamou dos juristas redobrada inspiração, com resultados que podem, porém, merecer reservas no que respeita ao apuro técnico dos meios jurídicos convocados. O compromisso, constante das Conclusões do Conselho Europeu de 12 de Dezembro de 2008, de manter a composição da Comissão tal como estava prevista no Tratado de Nice, com um comissário indicado por cada Estado-membro, não passa de uma declaração política; constituindo uma alteração ao artigo 17.º, n.º 5, TUE, na versão do Tratado de Lisboa, a sua eficácia jurídica requer aprovação através de acto equivalente, por exemplo num futuro acto de revisão ao Tratado de Lisboa ou, o que parece mais provável, a transformação desta decisão em protocolo a anexar a um próximo Tratado de Adesão. Foi, aliás, esta a via indicada pelo Conselho Europeu de 30 de Outubro de 2008 em relação ao Protocolo sobre a República Checa. Já em relação à *Decisão dos Chefes de Estado e de Governo dos 27 Estados-membros da UE, reunidos no Conselho Europeu, sobre a preocupação do povo irlandês a respeito do Tratado de Lisboa* (em anexo às Conclusões do Conselho Europeu de 19 de Junho de 2009), regista-se o seguinte paradoxo: por um lado, os Chefes de Estado e de Governo sublinharam que a Decisão "*é totalmente compatível com o Tratado de Lisboa e não requer nova ratificação do mesmo*", porque representa uma clarificação equivalente à obtida por outros Estados-membros através de protocolo e, por outro lado, previram a transformação da Decisão num protocolo a anexar ao TUE e ao TFUE "*no momento da conclusão do próximo Tratado de Adesão*". Assim, a Decisão que se tornou juridicamente vinculativa com a entrada em vigor do Tratado de Lisboa será mais tarde, não se sabe quando, incorporada no texto dos Tratados. Este expediente, que se repetiu depois para resolver o problema suscitado pela República Checa, pode ser muito eficaz para evitar a reabertura de um texto em curso de ratificação pelos Estados-membros, mas colide com as regras do procedimento de revisão dos Tratados (v. ex-artigo 48.º TUE); em concreto, subverte o equilíbrio de poderes entre os Governos e os Parlamentos nacionais, porque reduz o papel destes a uma função de pura homologação de decisões tomadas pelos Chefes de Estado e de Governo, reunidos no seio do Conselho Europeu.

II. O Tratado de Lisboa e o neocontratualismo europeu

A. *Metodologia de revisão*

14. Não é fácil captar a natureza do Tratado de Lisboa, tendo por base a relação com os tratados que imediatamente o precederam no *processo de revisão em curso* (PREC) da União. Para simplificar, diríamos que o Tratado de Lisboa herdou a forma jurídica do "clássico" Tratado de Roma, na versão resultante de Nice, e à Constituição Europeia foi importar o conteúdo. Para conseguir associar estes dois distintos legados genéticos, o Tratado de Lisboa exigiu um esquema laborioso de engenharia jurídica[19] ou, talvez com maior propriedade explicativa, um trabalho paciente de cerzidura normativa[20].

Em termos metodológicos, as disposições constantes do texto único da Constituição Europeia foram enxertadas nas disposições de dois Tratados, o Tratado da União Europeia e o Tratado da Comunidade Europeia, agora designado Tratado sobre o Funcionamento da União Europeia. Um tal trabalho de enxertia foi feito através da alteração de artigos existentes, da revogação de alguns e do aditamento de muitos outros. Na sua estrutura formal, o Tratado de Lisboa conta apenas com sete artigos: o primeiro altera o Tratado da União Europeia, o segundo altera o Tratado da Comunidade Europeia e os restantes cinco são disposições finais. Um Protocolo alterou o Tratado relativo à Comunidade Europeia da Energia Atómica que, ao contrário da Comunidade Europeia, subsistiu.

---

[19] Se o Tratado de Maastricht se foi inspirar na metáfora da arquitectura com o sistema dos três pilares e, em particular, da arquitectura clássica dos templos greco-romanos, com um frontão (valores comuns e princípios gerais) apoiado sobre pilares, o Tratado de Lisboa adere a uma abordagem construtiva porventura menos vistosa, mas mais pragmática, menos esquemática e mais preocupada com a eficiente coexistência e consistência de todos os elementos incorporados.

[20] Na colectânea que preparámos da versão consolidada do Tratado de Lisboa, optámos por incluir o texto do Tratado tal como foi assinado pelos Chefes de Estado e de Governo e publicado no Jornal Oficial da União Europeia, de 17 de Dezembro de 2007 (v. n.º C 306). Na verdade, só o conhecimento directo da versão não consolidada permite avaliar o grau extremo de opacidade críptica do tratado celebrado para substituir a Constituição Europeia – v. Maria Luísa Duarte / Carlos A. Lopes, *Tratado de Lisboa. Versão consolidada*, Lisboa, AAFDL, 2008, p. 433 e segs.

15. As alterações, introduzidas sob a forma de centenas de emendas aos artigos dos dois Tratados existentes, implicaram, naturalmente, uma renumeração dos artigos que afecta, em especial, o Tratado sobre o Funcionamento da UE. Nestes primeiros tempos de vigência dos novos Tratados, convém, por razões de certeza jurídica, acompanhar a citação do artigo vigente da indicação entre parêntesis do seu correspondente, se existir, na versão anterior.

Para além da opacidade do texto originário, na versão não consolidada, o outro aspecto que, de imediato, impressiona por mero contacto visual com o Tratado de Lisboa é o da sua extensão. São, no total, contabilizando também as disposições da Carta dos Direitos Fundamentais da União Europeia, **467 artigos**, acompanhados de **37 protocolos** e **65 declarações**. A versão consolidada é, assim, mais volumosa do que a versão do Tratado que estabelece uma Constituição para a Europa (448 artigos) e tem mais uma centena de artigos do que a versão em vigor com o Tratado de Nice.

Em nome do compromisso político teve de ser sacrificado o objectivo, inscrito, recorde-se, na Declaração de Laeken de 2001, de imprimir maior transparência e simplificação ao estatuto jurídico da União Europeia. O verdadeiro problema relativo à difícil inteligibilidade do estatuto jurídico não se resume, porém, à expressão de um texto demasiado longo e narrativo. O aspecto mais crítico prende-se sim com a ordenação sistemática das matérias entre dois tratados, o que gera situações muito frequentes de sobreposição reguladora, agravada ainda pela existência de protocolos e declarações que completam e, não raras vezes, derrogam o sentido do regime jurídico inscrito no articulado dos Tratados. Um labirinto normativo com consequências mais visíveis na configuração dos órgãos e dos procedimentos de decisão. Para sabermos, por exemplo, o que é a Comissão e como funciona, temos de consultar, sucessivamente, o artigo 13.º, n.º 1, UE, o artigo 17.º UE, os artigos 244.º a 250.º TFUE e ainda o artigo 5.º do Protocolo relativo às disposições transitórias. Esta até será uma indagação muito facilitada quando comparada com a questão relativa ao apuramento da maioria qualificada no seio Conselho da União: artigo 16.º, n.ºs 3, 4 e 5, UE; artigo 3.º do *Protocolo relativo às disposições transitórias*, com a definição de um período intermédio e ainda, com o objectivo de mitigar o alcance das regras estabelecidas no Tratado e no Protocolo, a Declaração n.º 7.

16. A solução adoptada de dois Tratados (**uma União, dois Tratados**) suscita, ainda, a questão sobre a articulação entre eles.

As disposições liminares do Tratado da UE (v. artigo 1.º, parágrafo terceiro) e do Tratado sobre o Funcionamento da UE (v. artigo 1.º, n.º 2) esclarecem que os "*dois Tratados têm o mesmo valor jurídico*" e sobre ambos se funda a União. Ainda assim, a sua natureza funcional é passível de destrinça objectiva: enquanto o Tratado da UE institui as bases da União (objectivos, valores, princípios gerais, disposições de âmbito geral sobre as instituições e as cooperações reforçadas, disposições finais)[21], o Tratado sobre o Funcionamento da UE, como o nome indica, especifica e desenvolve o regime jurídico aplicável às diversas vertentes da existência concreta da União Europeia como entidade jurídica habilitada para decidir. No caso de se verificar uma contradição entre o Tratado da UE e o Tratado sobre o Funcionamento da UE, embora tendo sempre presente o seu equivalente valor jurídico, o que exclui veredictos de pressuposição hierárquica entre eles, entendemos que uma resposta deve ser encontrada no contexto de uma relação de adequada conformidade do Tratado-lei (TFUE) com o Tratado-quadro (TUE). Em suma, a articulação entre os dois Tratados, visando em concreto a superação de eventuais antinomias normativas, consente juízos de conformidade (interpretação conforme), mas é incompatível com soluções de prevalência de um Tratado sobre o outro.

B. *O Tratado de Lisboa e a teologia constituinte da Europa*

17. Como já ficou dito, o Tratado de Lisboa acolheu no essencial as soluções gizadas pela Constituição Europeia, com excepção

---

[21] A única excepção a esta vocação de estatuto basilar encontra-se no Título V (*Disposições gerais relativas à acção externa da União e disposições específicas relativas à política externa e de segurança comum*). As disposições materiais do Título V correspondem ao antigo II Pilar (Política Externa e de Segurança Comum) e foram mantidas no mesmo Tratado; já as disposições do antigo III Pilar (Cooperação Policial e Judiciária em Matéria Penal) migraram para o Tratado sobre o Funcionamento da UE, em coerente associação com as matérias do antigo Título IV do Tratado da Comunidade Europeia, agora identificadas pelo mote comum do *Espaço de Liberdade, Segurança e Justiça* (v. artigos 67.º e segs. TFUE).

daqueles pontos que materializavam a opção constitucional. Assim, a *imprudência semântica* que condenou a proposta de uma Constituição para a Europa deu lugar a um exercício intencional de neutralização ideológica, com a eliminação meticulosa dos sinais conspícuos de forçada analogia entre a União e o Estado: **1**) desaparecem as referências aos símbolos da União; **2**) os actos normativos já não são identificados como leis e leis-quadro europeias, embora os actos jurídicos da União possam ser *actos* legislativos (v. artigo 289.º, n.º 3, TFUE); **3**) o Ministro dos Negócios Estrangeiros dá lugar à expressão anódina de Alto Representante da União para os Negócios Estrangeiros e a Política de Segurança (v. artigo 18.º UE); **4**) a Carta dos Direitos Fundamentais da União Europeia foi remetida para um texto autónomo, embora o artigo 6.º, n.º 1, UE, a ela se refira; **5**) o princípio do primado foi relegado para uma simples declaração que se limita a invocar a natureza jurisprudencial deste critério de articulação internormativa (v. *Declaração n.º 17, sobre o primado do Direito Comunitário*).

A alteração mais expressiva e de maior impacto junto do cidadão comum, como junto de qualificados juristas e politólogos, foi o abandono da designação *Constituição* e o regresso assumido à fórmula comunitária de *Tratado*[22]. Do ponto de vista jurídico-formal, a

---

[22] A questão constitucional europeia e, concretamente a oportunidade de aprovar um tratado chamado Constituição, com a incorporação de soluções de teor federal, suscitou um compreensível alarme académico. Na doutrina portuguesa, alinharam no tom crítico Paulo de Pitta e CUNHA, *Reservas à Constituição Europeia*, Coimbra, Almedina, 2005; Maria Luísa DUARTE, "A Constituição Europeia e os direitos de soberania dos Estados-membros – elementos de um aparente paradoxo", in *Estudos de Direito da União e das Comunidades Europeias*, Coimbra Editora, II, 2006, p. 413 e segs.; Jorge MIRANDA, "A "Constituição Europeia" e a ordem jurídica portuguesa", in *Anuário Português de Direito Constitucional*, 2003, vol. III, p. 51; idem, "Constituição e integração", in AA.VV., *A União Europeia e Portugal: a actualidade e o futuro*, Coimbra, Almedina, 2005, p. 173; Carlos Blanco de MORAIS, *Justiça Constitucional.* Tomo II, Coimbra Editora, 2005, p. 603; Miguel Galvão TELES, "Tratado que estabelece uma Constituição para a Europa", in *O Direito*, 137.º (2005) IV-V, p. 887.

Em sentido oposto, de defesa da fórmula constitucional para a União Europeia, no quadro do constitucionalismo plural, global ou transnacional, v. Miguel Poiares MADURO, *A Constituição Plural. Constitucionalismo e União Europeia*, Cascais, Principia, 2006, passim, espec. p. 335 e segs.; Ana Maria G. MARTINS, *O Projecto de Constituição Europeia. Contribuição para o debate sobre o futuro da União*, Coimbra, Almedina, 2004;

chamada "Constituição Europeia" também era um tratado internacional, mas pulsava naquele texto, mais por mensagem implícita[23], um desígnio federal e constituinte de substituição definitiva das soberanias estaduais por um novo poder político, transnacional e auto-referencial[24]. Do ponto de vista da teoria política do poder constituinte, o estatuto jurídico de uma determinada entidade só se pode converter em constituição se esta for a expressão de um poder próprio e autónomo de decisão constituinte, exercido por essa entidade ou em nome dela. No estádio actual de evolução da União Europeia, a competência das competências, que materializa uma das dimensões capitulares do poder constituinte, pertence, e continua a pertencer, aos Estados-membros. De resto, a dita Constituição Europeia não traduzia esta mutação fundamental, porque não substituía a base de legitimação da União, cujo estatuto jurídico continuava a ser aprovado por todos os Estados-membros, nos termos das respectivas normas constitucionais.

No animoso debate em torno da ideia de uma Constituição Europeia, note-se, muito anterior ao texto assinado em 2004, impressionam dois equívocos, generosamente partilhados pelos intérpretes das várias teses constitucionalistas: **1**) a confusão entre o *direito que é*, vertido nas normas vigentes e o *direito que deveria ser*, mas que não passa de uma vontade profética; **2**) a diluição do conceito formal e

---

idem, *Curso de Direito Constitucional da União Europeia*, Coimbra, Almedina, 2004, p. 142 e segs.; Marta Rebelo, *Constituição e legitimidade social da União Europeia*, Coimbra, Almedina, 2005.

Outros Autores preferiram lançar sobre a Constituição Europeia um olhar menos intenso, dando especial enfoque à noção material de Constituição – v. Fausto de Quadros, "O conteúdo e os valores da Constituição Europeia", in AA.VV., *Uma Constituição para a Europa*, Coimbra, Almedina, 2004, p. 189; idem, *Direito da União Europeia*, Coimbra, Almedina, 2004, p. 569; Rui M. Moura Ramos, "A reforma institucional e a Constituição Europeia", in AA.VV., *Uma Constituição*..., cit., p. 114; António Goucha Soares, *O Tratado Constitucional da União Europeia*, separata, Revista do Ministério Público, n.º 100, Lisboa, 2004, p. 22.

[23] Cfr. Maria Luísa Duarte, "A Constituição Europeia e os direitos de soberania dos Estados-membros – elementos de um aparente paradoxo", cit., p. 406.

[24] Nas palavras sugestivas de Carla Amado Gomes: "*(...) o Tratado constitucional assentava numa existência e numa representação – o que era e o que simbolizava –, o Tratado de Lisboa reduz-se apenas à sua existência (...)*" [in "O Tratado de Lisboa. Ser ou não ser reformador (eis a questão)", in *Revista do Ministério Público*, 2008, ano 29, n.º 114, p. 10].

material de constituição que desemboca, quase sempre, na identificação entre estatuto jurídico e constituição, ou que, noutra variante, condiciona a efectividade de garantia dos direitos fundamentais à natureza constitucional do texto que os consagra[25].

O que nos permitimos criticar aqui não é a evidência de uma ordem jurídica, como é a da União Europeia, impregnada por valores, princípios e direitos que integram o património constitucional dos Estados-membros. Neste sentido, o ordenamento jurídico eurocomunitário eleva-se a um patamar superior de tutela dos valores fundamentais e dos direitos das pessoas, no quadro de uma relação horizontal com os sistemas jurídicos nacionais (internormatividade). Este fenómeno de constitucionalização do Direito da União Europeia[26] é progressivo e pressuposto pelo paradigma da *União de Direito*. Bem diferente é a ideia feita, que repudiamos, de ver nos tratados uma Constituição ou de dotar a União de um *Tratado que estabelece uma Constituição para a Europa* como expressão de um poder constituinte próprio, autónomo e distinto do dos Estados-membros. Uma Constituição dirigente que se sobreporia à Constituição dos Estados-membros e não, como deve continuar a ser, uma Constituição substancialmente moldada pelas Constituições nacionais, numa relação amadurecida pelo diálogo internormativo[27]. Não é a natureza das questões reguladas pelos Tratados institutivos (v.g. normas sobre

---

[25] É certo que o Tribunal de Justiça já qualificou os Tratados como a "*carta constitucional de base*" e, no mesmo acórdão, asseverou que as Comunidades são "*uma Comunidade de Direito* (v. acórdão de 23 de Abril de 1986, Proc. 294/83, *Os Verdes*, Col. 1986, p. 1365, c. 23). O significado não pode ser outro que não o de vincular as Comunidades Europeias, agora a União, ao respeito do estatuto jurídico previsto nos Tratados que condiciona e delimita o seu espaço próprio de actuação, no plano jurídico e no plano político.

[26] Um efeito paralelo ao da europeização do Direito Constitucional de cada Estado-membro, como assinala Paulo Otero – in *Legalidade e Administração Pública. O sentido da vinculação administrativa à juridicidade*, Coimbra, Almedina, 2003, p. 234.

[27] Em oposição à Constituição aberta e plural que deveria resultar do sistema europeu de interconstitucionalidade, a ideia de uma Constituição Europeia, que prevalece sobre as Constituições dos Estados-membros (v. artigo I-6.º TECE), recupera a aspiração de um direito forte de execução de um programa constitucional dirigente. As palavras de J. J. Gomes Canotilho sublinham, com lucidez crítica, esta perspectiva sobre a Constituição Europeia ao concluir que esta "*procura reaglutinar um esquema dirigente através do direito constitucional*" (in "*Brancosos*" *e interconstitucionalidade. Itinerários dos discursos sobre a historicidade constitucional*, Coimbra, Almedina, 2006, p. 258)

competências; separação de poderes; direitos fundamentais) que induz a suposta "constitucionalização" da União[28], porque, neste sentido, seriam constituições – e não são – o estatuto jurídico de uma região autónoma ou o pacto institutivo de uma organização internacional.

Um outro aspecto que contribui para dar ao debate constitucional um recorte militante de causa comum é a fé que depositam no seu suposto poder transformador[29], assim partilhando com o pensamento liberal do século XIX a crença, que hoje sabemos que é ingénua e desfocada, sobre o papel da Constituição nas sociedades políticas contemporâneas.

18. Em nossa opinião, a chamada "questão constitucional europeia" é um falso problema, responsável por uma desnecessária dramatização em torno dos modelos de configuração institucional e política da União Europeia[30]. Em rigor, nenhuma opção de aprofundamento do espaço político de integração europeia depende da opção por uma Constituição. No que toca à evolução para a federação, ninguém pode negar que há muito tempo que, mais ainda com o Tratado de Lisboa, o caminho se faz nesse sentido, mas a derradeira mutação do Estado soberano em Estado federado há-de depender da aceitação, devidamente legitimada, de um texto que, para além do eventual nome de Constituição, evidencie as novas bases de coexistência dos Estados e dos povos com a federação europeia. Com o Tratado de Lisboa, o método comunitário não está esgotado e os

---

[28] Aparentemente neste sentido, v. Miguel Poiares MADURO, *A Constituição Plural...*, cit., p. 59.

[29] Um dos mais glosados arautos do constitucionalismo europeu, Joseph WEILER, escolheu para título do seu trabalho seminal sobre a matéria "The transformation of Europe", in *Yale Law Journal*, 1991, vol. 100, p. 2403, depois republicado no livro *The Constitution of Europe*, Cambridge University Press, 1999.

O mesmo Autor, sublinhe-se, que mais tarde, acompanhando o debate travado no seio da Convenção Europeia, vaticinou que, afinal, a "retórica constitucional" seria um verdadeiro perigo para o processo de integração europeia – in "A Constitution for Europe? Some hard choices", *Journal of Common Market Studies*, 2002, vol. 40, p. 563; e "In Defense of the status quo: Europe's constitutional Sonderweg", in *European Constitutionalism beyond the State*, 2003, p. 7.

[30] Cfr. Guilherme d'Oliveira MARTINS, "Desdramatizar a questão constitucional europeia", in *Revista de Estudos Europeus*, 2008, n.º 4, p. 43 e segs.

Estados-membros, como entidades soberanas, não abdicam da sua condição originária de partes do contrato que fundamenta a existência da União Europeia. Vejamos, de modo sumário, como o Tratado de Lisboa preserva o método comunitário (a) e como renova e fortalece o princípio contratualista (b).

C. *O regresso às origens: método comunitário e princípio contratualista*

19. a) A criação da Comunidade Europeia do Carvão e do Aço (CECA) pelo Tratado de Paris, assinado em 18 de Abril de 1951 pelos seis Estados originários, representa a primeira concretização do chamado método de integração funcionalista, depois convertido em *método comunitário*, proposto pela Declaração Schuman, de 9 de Maio de 1950, e que podemos captar na fórmula atribuída a JEAN MONNET e PAUL REUTER:

> "***A Europa não se fará de um golpe, nem numa construção de conjunto: far-se-á por meio de realizações concretas que criem em primeiro lugar uma solidariedade de facto***"[31].

20. (cont.) O processo de construção europeia começou, assim, pela instituição de uma nova organização, dotada de poderes supranacionais ao serviço de objectivos bem definidos, de natureza económica, relativos à gestão em comum da produção e comercialização do carvão e do aço. O pragmatismo deste programa de acção foi substituído por uma abordagem bem diferente quando em 1952 foi assinado o Tratado que visava instituir a Comunidade Europeia de Defesa. No curto intervalo de um ano, passou-se da integração económica sectorial para a integração política de grau máximo, porque relativa à definição de uma política comum de defesa entre Estados separados por séculos de desconfiança e de beligerância. A proposta

---

[31] No seu conhecido legado memorialista, Jean MONNET presta homenagem ao contributo decisivo de Paul Reuter, insigne jusinternacionalista – in *Mémoires*, Paris, Fayard, 1976, p. 431. Sobre o papel de Paul Reuter, ver também Antonin COHEN, "Le plan Schuman de Paul Reuter. Entre Communauté Nationale et Fédération Européenne", in *Revue Française de Science Politique*, 1998, vol. 48, n.º 5, p. 645 e segs.

de uma Comunidade Europeia de Defesa foi rejeitada em 1954 pela Assembleia Nacional Francesa, como seria rejeitada, por referendo, em 2005, a ratificação da Constituição Europeia. Afinal, a história é um risco permanente de repetição e só os mais desatentos ou insensatos se permitem ignorar a sábia lição de tais recorrências.

O excessivo voluntarismo da proposta de criação da Comunidade Europeia de Defesa, o seu evidente divórcio com a vontade política soberana dos Estados, tornou inevitável o regresso ao pragmatismo do método funcionalista. Os Tratados de Roma, que instituíram a Comunidade Económica Europeia (CEE) e a Comunidade Europeia da Energia Atómica (CEEA), assinados em 25 de Março de 1957, são o triunfo do método funcionalista sobre o método federal. Em 2007, o Tratado de Lisboa, ao substituir a Constituição Europeia, renovou a confiança dos Estados-membros no conhecido método comunitário. Em 2007, como aconteceu em 1957, prevaleceu uma visão de assumido pragmatismo, inspirada pela experiência frutuosa dos pequenos passos. Diz o Poeta: "*caminhante, não há caminho, faz-se caminho ao andar. Ao andar faz-se o caminho e ao olhar para trás vê-se a senda que jamais se há-de voltar a pisar*"[32].

Na Europa, o aprofundamento da integração entre os Estados-membros faz-se seguindo em frente, pelo mesmo caminho, aproveitando as rotas conhecidas. Um caminho radicalmente diferente gera o receio do desconhecido e paralisa a caminhada da Europa, qual peregrino medieval que se afastou do Caminho de Santiago.

21. (cont.) O método funcionalista é uma teoria clássica sobre integração regional que interpreta o interesse comum relativo à definição integrada de políticas económicas e sociais como o fundamento de criação de órgãos de autoridade supranacional, investidos de poderes regulatórios dos mercados.

A teoria funcionalista[33] orientou a opção europeia pela integração económica com a criação das três Comunidades Europeias e

[32] Trecho extraído de um poema de António Machado, poeta sevilhano (v. Antologia Poética, 2.ª ed., Ed. Cotovia, 1999).

[33] Basicamente definida pela doutrina norte-americana ao longo da década de 50 do século passado, através de autores como Ernst B. Haas e Leon N. Lindberg. Como bem assinala Pierre PESCATORE, as experiências de integração mais significativas ocorrem na

esteve na base do designado *método dos pequenos passos* – avanços graduais, mas irreversíveis (*point of no return*); avanços susceptíveis mesmo de provocar recuos tácticos (*stop and go*). O estabelecimento gradual de solidariedades de facto entre os Estados-membros do Mercado Comum deveria incidir sobre a generalidade das actividades económicas, criando um efeito de engrenagem ou incrementalismo (*spill-over*).

O processo de construção comunitária apropriou-se do método e conferiu-lhe traços próprios, resultantes da *praxis*. Como um verdadeiro processo, a sua evolução depende da sucessão de etapas (i). No método comunitário, estes avanços são a expressão de limitações à soberania dos Estados-membros, devidamente negociadas e contratualizadas (ii). Nem sempre esta contratualização obedece ao cânone da formalização pactícia, pelo que os avanços se podem alcançar pela via informal da decisão política qualificada, ao mais alto nível de representação dos Estados-membros no seio do Conselho Europeu (iii). Uma outra modalidade de limitação informal da soberania dos Estados-membros foi assumida pelo Tribunal de Justiça no exercício da sua função de interpretação e aplicação das normas comunitárias (activismo judicial).

Como postulava a Declaração Schuman, a resposta dos Estados aos desafios da integração depende dos objectivos propostos. Manter a construção comunitária em constante processo de realização pressupõe novos objectivos, de acordo com uma lógica endógena de progressividade e de expansão contínua do espaço de decisão própria dos órgãos comuns, em substituição do decisor nacional.

22. (cont.) O Tratado de Lisboa mantém-se fiel à lógica do método comunitário, agora alargado à dimensão política da integração.

Europa, desde a união aduaneira (*Zollverein*) alemã do século XIX à criação das Comunidades Europeias, mas foi a doutrina norte-americana, da ciência económica e da ciência política, que, pioneira, enxergou neste fenómeno uma fonte segura de teorização – in *Droit de l'Intégration*, Leiden, Sijthoff, 1972, p. 9 (reeditado pela Bruylant em 2005).

Sobre o funcionalismo e a sua relevância na configuração do método comunitário, v. ainda L. J. Constantinesco, "Fédéralisme-Constitucionalisme ou Fonctionalisme? (Réflexions sur la méthode de l'intégration européenne)", in *Mélanges F. Dehousse*, Bruxelas, 1979, vol. 2, p. 19 e segs.

O aspecto mais marcante do reforço do método comunitário resulta do abandono da estrutura sobre pilares, cuja existência obedecia a critérios construtivos bem diferenciados. Na versão anterior ao Tratado de Lisboa, União Europeia e Comunidades Europeias davam corpo a uma estrutura assimétrica, baseada na dualidade metodológica entre opção comunitária e opção intergovernamental[34]. O primeiro pilar correspondia às matérias submetidas ao método comunitário de decisão [v. g. direito exclusivo de iniciativa normativa da Comissão; maioria qualificada como regra de deliberação do Conselho; poder de decisão partilhado entre o Conselho e o Parlamento Europeu sobre um número crescente de matérias (co-decisão); jurisdição obrigatória e plena do Tribunal de Justiça]. Ao segundo pilar (Política Externa e de Segurança Comum) e terceiro pilar (Cooperação Policial e Judiciária em Matéria Penal) eram aplicáveis regras segregadas pela lógica de cooperação intergovernamental, condizente com um paradigma de exercício directo dos poderes de soberania pelos Estados-membros (v.g. poder da Comissão mais limitado; unanimidade como regra geral de deliberação no seio do Conselho; Parlamento Europeu remetido a uma mera função consultiva; exclusão da competência de controlo do Tribunal de Justiça ou, no máximo, dependente da vontade dos Estados-membros e limitada a certas vias de direito)[35].

O Tratado de União Europeia determina no seu artigo 1.º, parágrafo terceiro, que: "*A União substitui-se e sucede à Comunidade Europeia*". A União Europeia incorpora a Comunidade Europeia e adopta, em relação à generalidade das matérias, a abordagem comunitária. **Desaparecem as Comunidades**[36] **para sair fortalecido o método comunitário**[37].

---

[34] Sobre o conceito por nós proposto de dualidade metodológica, v. o nosso *Direito da União Europeia e das Comunidades Europeias*, Lisboa, Lex, vol. I, 2001, p. 72 e segs.

[35] Sobre a origem da lógica diferenciada dos pilares na política institucional das Comunidades Europeias, anterior ao Tratado de Maastricht, v. Maria Luísa DUARTE, "A cooperação intergovernamental na União Europeia – âmbito, natureza das acções previstas e sua relação com o domínio da integração comunitária", in AA.VV., *Em torno da revisão do Tratado de União Europeia*, Coimbra, Almedina, 1997, p. 35 e segs.

[36] Das três Comunidades criadas na década de 50 do século passado, a CECA extinguiu-se com a caducidade do Tratado de Paris em 2002. À Comunidade Europeia sucedeu a União Europeia com a entrada em vigor do Tratado de Lisboa. Sobrevive a Comunidade Europeia da Energia Atómica (v. Protocolo n.º 2 anexado ao Tratado de Lisboa),

23. (cont.) Se no plano estrutural prevaleceu o objectivo de "despilarizar" a União Europeia, de renunciar ao princípio da dualidade metodológica, no plano concreto das soluções jurídicas adoptadas vingou uma concepção mais eclética que procura conciliar método comunitário e reserva de soberania[38]. Sobre matérias como as relativas à Política Externa e de Segurança Comum, Política Comum de Segurança e Defesa (antigo II Pilar) e as relativas à Cooperação Judiciária e Policial em Matéria Penal (antigo III Pilar), a regra de deliberação no Conselho é a unanimidade (v.g. artigo 31.º, n.º 1, UE; artigo 42.º, n.º 4, UE; artigo 87.º, n.º 3, TFUE; artigo 89.º TFUE) ou, no caso de se prever a maioria qualificada, são accionáveis pelos Estados-membros mecanismos de bloqueio decisional (v.g. artigo 82.º, n.º 3, TFUE; artigo 83.º, n.º 3, TFUE).

Em rigor, podemos afirmar que a União, em domínios mais directamente ligados ao exercício de atributos típicos de estadualidade, como sejam a política externa, a política de defesa, os serviços de polícia, preservou, em parte e por enquanto[39], a lógica intergovernamental dos pilares.

Um reflexo bem visível desta moderna arquitectura de pilares invisíveis, mas funcionalmente prestáveis, é o regime de competência do Tribunal de Justiça da União Europeia (TJUE). Nos termos do artigo 275.º TFUE, o TJUE não dispõe de competência no domínio da política externa e de segurança comum, como já acontecia na

mas a sua existência, dada a natureza sectorial e a notória especificidade regulatória da energia atómica, não prejudica a vocação geral das competências da União Europeia.

[37] Cumpre, por isso, lamentar a opção absurda que foi a eliminação do texto dos Tratados do termo "*comunitário*" e derivados, substituído pela expressão "*da União*". Um preciosismo nominalista que contradiz a adquirida coerência da União Europeia que lhe é dada, justamente, pela extensão do método comunitário a todas as áreas de intervenção previstas nos Tratados.

[38] Sublinhe-se que esta solução transitou da Constituição Europeia para o Tratado de Lisboa. Com uma leitura muito crítica da aparente "*derrocada dos três pilares*", v. Miguel Prata ROQUE, "A derrocada do sistema de três pilares. Breve apontamento sobre a permanência do método intergovernamental na Constituição Europeia", in *O Direito*, ano 137.º, 2005, IV-V, p. 932.

[39] As chamadas cláusulas-passarela permitem, no futuro, quando tal for possível, passar da regra da unanimidade para a regra da maioria qualificada, mediante decisão unânime do Conselho Europeu – v.g. artigo 31.º, n.º 3, UE; artigo 81, n.º 3, TFUE (v. infra IV.C.).

versão anterior dos Tratados (v. ex-artigo 46.º do Tratado da União Europeia, na redacção resultante do Tratado de Nice). O Juiz da União pode, contudo, controlar a observância do artigo 40.º UE relativo aos limites entre esta competência "mitigada" da União e as competências "plenas" reguladas pelo TJUE, tal como se pode pronunciar sobre os recursos de legalidade de decisões restritivas de direitos. No que respeita às matérias do *espaço de liberdade, segurança e justiça*, especificamente os capítulos sobre cooperação judiciária e policial em matéria penal, o artigo 276.º TFUE impõe limites ao poder de controlo do TJUE. Trata-se, contudo, de uma limitação que não diminui o mérito da solução vazada no Tratado de Lisboa de revogar o anterior regime restritivo do artigo 35.º do Tratado da União Europeia. Doravante, sobre as matérias do antigo III Pilar, é obrigatória, e não facultativa, a competência do Tribunal de Justiça no âmbito das questões prejudiciais e pode, por exemplo, pronunciar-se sobre acções por incumprimento contra os Estados-membros ou sobre acções de indemnização contra a União. Sem prejuízo dos limites previstos no artigo 276.º TFUE, o Tribunal de Justiça passa a exercer sobre as matérias do antigo III Pilar uma jurisdição de natureza comunitária.

24. b) Temos defendido o princípio contratualista como fundamento do poder político da União Europeia, em oposição à tese "constitucionalista" ou "criacionista" que, como vimos, identifica a União como fonte autónoma e originária da sua própria competência. A nossa posição foi primeiramente desenvolvida no contexto normativo do Tratado de Maastricht[40] e, mais tarde, reiterada à vista do texto da Constituição Europeia[41]. O Tratado de Lisboa, por comparação directa com o Tratado Constitucional, alarga a base de vinculação da União à vontade soberana dos Estados-membros. Vejamos, sumariamente, por que razões tal acontece.

---

[40] V. Maria Luísa DUARTE, *A teoria dos poderes implícitos e a delimitação de competências entre a União Europeia e os Estados-membros*, Lisboa, Lex, 1997, p. 357 e segs.

[41] V. Maria Luísa DUARTE, "A Constituição Europeia e os direitos de soberania dos Estados-membros – elementos de um aparente paradoxo", in *Estudos de Direito da União e das Comunidades Europeias*, Coimbra Editora, 2006, II, p. 410 e segs.

25. (cont.) O aspecto que melhor evidencia o fundamento contratualista da União respeita ao processo de revisão dos Tratados. O artigo 48.º UE mantém um procedimento de revisão que faz dos Estados-membros "*os senhores dos Tratados*", segundo uma expressão enraizada na narrativa comunitária. Numa perspectiva mais técnico-jurídica, importa reconhecer que a competência das competências, o poder de definir o âmbito de atribuições e poderes da União, pertence aos Estados-membros, por via do exercício do poder de revisão. Nos termos do artigo 48.º, n.º 4, UE, no processo de revisão ordinário, as alterações dos Tratados só "*entram em vigor após a sua ratificação por* ***todos os Estados-membros****, em conformidade com as respectivas normas constitucionais*" (ênfase acrescentada). Os procedimentos de revisão simplificados (v. artigo 48.º, n.os 6 e 7, UE) não dispensam a concordância unânime dos Estados-membros relativamente às modificações propostas.

26. (cont.) O artigo 48.º, n.º 2, UE, estabelece, pela primeira vez, que futuras revisões dos Tratados "*podem, nomeadamente, ir no sentido de aumentar ou reduzir as competências atribuídas à União pelos Tratados*"[42]. A afirmação deste poder, que deixa em relativo desamparo as construções doutrinárias em torno da suposta existência de limites materiais de revisão[43], articula-se, por outro lado, com o desaparecimento do texto dos Tratados de uma referência autónoma ao princípio do acervo comunitário, garante de uma ideia de

---

[42] No mesmo sentido, v. Declaração n.º 18, sobre a delimitação de competências, constante da Acta Final do Tratado de Lisboa.

[43] Em defesa desta tese, na versão anterior dos Tratados, com referência à positivação do princípio do adquirido comunitário, v., entre outros, J. L. Cruz Vilaça / Nuno Piçarra, "Y-a-t-il des limites matérielles à la révision des traités instituant les Communautés européennes?", in *Cahiers de Droit Européen*, 1993, n.ºs 1-2, p. 5 e segs.; Fausto de Quadros, *Direito da União Europeia*, Coimbra, Almedina, 2004, p. 346-347; Ana Maria G. Martins, *A natureza jurídica da revisão do Tratado da União Europeia*, Lisboa, Lex, 2000, p. 504 e segs.

No quadro do Tratado de Lisboa, discorrendo sobre as consequências do abandono explícito do acervo comunitário, Carla Amado Gomes parece inclinar-se no sentido da sua defesa como limite inerente ao fenómeno da integração europeia – in "O Tratado de Lisboa...", cit., p. 16.

irreversibilidade dos avanços da integração, como acontecia com o ex-artigo 2.º, quinto travessão, do Tratado da União Europeia[44].

Em linha com esta lógica do "tudo em aberto", dependente da vontade soberana dos Estados-membros, é a consagração do direito de saída, nos termos do artigo 50.º UE. Pela primeira vez, os Tratados explicitam o *direito inerente de saída*[45], exercido segundo as condições fixadas pelo artigo 50.º UE[46], mormente a negociação e a celebração entre a União e o Estado-membro candidato à saída de um tratado internacional, cuja aprovação é assegurada pelo Conselho. A deliberação é adoptada por maioria qualificada, e não por unanimidade como se exige no processo de adesão (v. artigo 49.º UE), pelo que é, do ponto de vista jurídico-procedimental, mais fácil abandonar do que aderir à União Europeia. Uma tal solução também deriva da lógica baseada na vontade soberana dos Estados: no processo de adesão, prevalece o querer de todos os Estados que já são membros da União, por via da celebração de um tratado internacional entre os Estados-membros e o Estado requerente, ao passo que na

[44] Não se trata, porém, de um silenciamento total, porque o artigo 20.º, n.º 4, UE, refere o "acervo" a propósito das condições da cooperação reforçada e da adesão à União. Esta disposição fundamenta, quanto a nós, a seguinte ideia: apenas a vontade soberana e unanimemente expressa por todos os Estados-membros através do processo de revisão não estará subordinada ao respeito estrito do princípio do acervo comunitário. Já no que se refere aos procedimentos comuns de decisão político-normativa, continua a vigorar um princípio de adquirido comunitário, de consideração vinculativa tanto para o decisor nacional como para o decisor da União.

[45] Neste sentido, perante o silêncio dos Tratados sobre o direito de saída, v. Maria Luísa Duarte, *A teoria dos poderes implícitos...*, cit., p. 379, nota 317.

[46] O artigo 50.º, n.º 1, UE, reconhece a decisão de saída "*em conformidade com as respectivas normas constitucionais*". Esta remissão para a respectiva Constituição não deverá ser interpretada no sentido de condicionar o exercício do direito de saída à previsão no texto constitucional de uma cláusula expressa de recesso. No caso concreto, a Constituição Portuguesa não prevê a retirada de Portugal da União Europeia, como não a prevê em relação a qualquer outro organismo internacional por ser tal previsão desnecessária à luz de uma interpretação adequada das prerrogativas de soberania do Estado Português e das disposições relevantes do Direito dos Tratados (v.g. artigo 54.º da *Convenção de Viena sobre o Direito dos Tratados*, de 23 de Maio de 1969).

No mesmo sentido, falando mesmo da inexistência constitucional de uma obrigação de pertença à União Europeia e do direito de retirada sem revisão constitucional, v. Jorge Miranda, *Manual de Direito Constitucional. Estrutura Constitucional do Estado*, 6.ª ed., Coimbra Editora, Tomo III, 2010, p. 218.

retirada a questão é decidida entre o Estado-membro candidato à saída e a União Europeia, deliberando de acordo com o procedimento-regra da maioria qualificada.

27. (cont.) O artigo I-1.º, n.º 1, do Tratado Constitucional proclamava:

> "*A presente Constituição, **inspirada na vontade dos cidadãos e dos Estados da Europa,** de construírem o seu futuro comum, estabelece a União Europeia*" (ênfase acrescentada).

Esta dupla legitimação, baseada na vontade dos *cidadãos e dos Estados*, não sobreviveu no texto do Tratado de Lisboa. O artigo 1.º do Tratado da União Europeia regressa à fórmula herdada do Tratado de Maastricht:

> "*(...) as Altas Partes Contratantes instituem entre si uma UNIÃO EUROPEIA*", deixando bem clara a fonte dos poderes da União, através do aditamento: "***à qual os Estados-membros atribuem competência para atingirem os seus objectivos comuns***" (ênfase acrescentada).

A centralidade da legitimidade conferida pelos Estados-membros, assim reposta pelo Tratado de Lisboa em nítido contraste com a solução preconizada pela Constituição Europeia, ressoa com particular significado na decisão de eliminar do texto dos Tratados a referência ao primado do Direito da União. O artigo I-6.º TECE estabelecia com ênfase: "*A Constituição e o direito adoptado pelas instituições da União, no exercício das competências que lhe são atribuídas, primam sobre o direito dos Estados-membros*". A Declaração n.º 17, sobre o primado do direito comunitário, substitui no Tratado de Lisboa o citado artigo I-6.º TECE. É certo que esta declaração explicita, em nome dos Estados-membros, o reconhecimento do primado "*em conformidade com a jurisprudência constante do Tribunal de Justiça da União Europeia*" e remete para um Parecer do Serviço Jurídico do Conselho que reitera a origem e natureza pretoriana do princípio do primado, desde o caso *Costa c. Enel* de 1964. Não é, contudo, juridicamente irrelevante a ausência do primado no texto dos Tratados, porque uma consagração normativa daria ao Juiz comunitário uma dose reforçada de autoridade na afirmação do primado incondicional e absoluto, incluindo sobre as próprias Constituições nacionais. Ora, a evolução recente da jurisprudência constitucional dos Estados-membros e da própria jurisprudência do Tribunal de Justiça demonstra que esse é um critério insuficiente e vetusto de avaliação das exigências de prevalência da norma comunitária[47].

O aditamento do n.º 4 ao artigo 8.º da Constituição Portuguesa na revisão constitucional de 2004 tornou-se, em virtude do abandono da enunciação expressa do primado, ainda mais excessivo e sistematicamente inadequado[48].

O respeito das Constituições dos Estados-membros não foi, aliás, esquecido pelo Tratado de Lisboa. Por um lado, o artigo 6.º, n.º 3, UE, remete para as "*tradições constitucionais comuns aos Estados-membros*" como parte integrante do bloco de fundamentalidade que vincula a União Europeia. Em sentido idêntico, mas ainda mais assertivo, o artigo 53.º da Carta dos Direitos Fundamentais da União Europeia garante o nível mais elevado de protecção dos direitos fundamentais, o qual pode resultar das normas garantidoras das Constituições dos Estados-membros. Por outro lado, impõe-se reter o significado do artigo 4.º, n.º 2, UE, ao estatuir:

> "*A União respeita a igualdade entre os Estados-membros perante os Tratados, **bem como a respectiva identidade nacional, reflectida nas estruturas políticas e constitucionais fundamentais de cada um deles***" (ênfase acrescentada).

Manifestação tangível e demarcadora do espaço próprio de identidade de cada Estado-membro é, naturalmente, a sua Constituição e as regras fundamentais que estabelece sobre matérias como a estrutura territorial do Estado, o sistema de governo, a tutela dos direitos, a fronteira entre o sector público e o sector privado, a protecção da língua pátria e outras tradições culturais, incluindo de cunho religioso. O respeito pela *identidade nacional* dos Estados-membros depende, pois, do espaço reconhecido aos valores e princípios vertidos nas Constituições nacionais, resultado de um longo processo

---

[47] Sobre este ponto de particular actualidade, v. infra o nosso estudo *O Tratado de Lisboa e o teste da "identidade constitucional" dos Estados-membros – uma leitura prospectiva da Decisão do Tribunal Constitucional alemão de 30 de Junho de 2009*, n.os 13 e segs.

[48] Sobre as razões desta apreciação crítica, v. Maria Luísa DUARTE, *União Europeia e Direitos Fundamentais...*, cit., p. 277 e segs.

de alquimia jurídica, nem sempre isento de contradições e recuos, mas que é hoje a expressão do "adquirido constitucional" do Estado de Direito[49].

28. (cont.) A fonte estadual da legitimidade da União justifica a natureza derivada e complementar da cidadania da União:

> "*É cidadão da União qualquer pessoa que tenha a nacionalidade de um Estado-membro.* ***A cidadania da União acresce à cidadania nacional, não a substituindo***" (v. artigo 9.º UE, fórmula repetida no artigo 20.º, n.º 1, TFUE) (ênfase acrescentada).

29. (cont.) As novas disposições em matéria de competências da União, exprimindo uma preocupação redobrada com a imposição de limites à sua expansibilidade, revelam, igualmente, a face dos Estados-membros enquanto titulares originários destes poderes atribuídos (v. g. artigos 4.º, n.º 1, UE e 5.º UE; artigos 2.º a 5.º, TFUE).

30. (cont.) Uma certa banalização do recurso às excepções em favor de certos Estados-membros (cláusulas de *opting-out*), que se verifica desde o Tratado de Maastricht e que se acentua no Tratado de Lisboa, também tem sido vista como expressão do princípio contratualista[50]. Em nossa opinião, a base contratualista pressupõe a essencial igualdade entre os Estados-membros e, ao invés, as cláusulas de *opting-out* foram, em quase todos os casos, manifestações de autoridade inigualitária por parte de certos Estados-membros que, em virtude do seu peso político ou circunstâncias do momento, fazem desequilibrar a balança dos poderes.

31. (cont.) Em suma, as alterações introduzidas pelo Tratado de Lisboa no texto dos tratados institutivos reforça a vontade dispositiva dos Estados-membros sobre a configuração jurídica e política da União Europeia, agora e no futuro. Os Estados-membros deram vida à *criatura* e esta depende, pelo menos em relação às grandes decisões sobre a sua existência, do querer dos *criadores*.

---

[49] Sobre a cláusula da identidade nacional, v. Maria Luísa Duarte, "A Constituição Europeia e os direitos de soberania dos Estados-membros..., cit., p. 414 e segs.

[50] Neste sentido, Carla Amado Gomes, "O Tratado de Lisboa...", cit., p. 50.

III. As alterações de maior significado para a existência e o funcionamento da União Europeia

A. *Principais vectores de revisão dos Tratados*

32. A perspectiva sobre o âmbito mais ou menos reformador do Tratado de Lisboa varia em função do elemento de cotejo. Se for, como já vimos, a Constituição Europeia, o Tratado de Lisboa difere muito pouco das soluções naquela inscritas. Em contrapartida, se confrontarmos o estatuto jurídico da União Europeia antes e depois de 1 de Dezembro de 2009, concluímos que, em vários domínios, o Tratado de Lisboa inovou. Não se trata, sublinhe-se, de uma mudança radical, de um salto qualitativo ou em profundidade, mas é, decerto, um salto de razoável extensão pelo que representa de áreas integradas no perímetro de mudança.

33. Da leitura que fazemos do Tratado de Lisboa, resulta que as disposições mais inovadoras terão sido introduzidas a respeito das seguintes matérias:

- Personalização jurídica da União Europeia
- Protecção dos direitos fundamentais
- Sistema eurocomunitário de competências
- Estrutura institucional e equilíbrio de poderes
- Procedimentos de decisão
- Actos jurídicos e separação de funções

Passaremos, de seguida, a uma análise sucinta dos mais relevantes vectores de mudança a propósito de cada uma das áreas identificadas.

B. *Personalização jurídica da União Europeia*

34. O artigo 47.º UE declara:

"A União tem personalidade jurídica".

Tal como a disposição similar do ex-artigo 281.º TCE ("*A Comunidade tem personalidade jurídica*"), a personalização jurídica da

União convoca os direitos e obrigações inerentes ao estatuto de sujeito de Direito Internacional, *maxime* a capacidade de vinculação internacional. Esta solução era inevitável: por um lado, porque a União sucede à Comunidade Europeia (v. artigo 1.º, parágrafo terceiro, UE) e, por outro lado, porque, há já algum tempo, que a visibilidade externa e a eficácia de actuação da União exigia a formalização deste atributo de personalidade[51].

35. Com o artigo 47.º UE, a União Europeia é uma nova organização internacional[52] que sucede nos direitos e deveres assumidos pela Comunidade Europeia e pelos Estados-membros sobre matérias que passam a integrar a sua esfera de actuação.

Como sujeito de Direito Internacional, e diferentemente dos Estados que, como entes soberanos, são dotados de uma personalidade jurídica plena e geral, a União Europeia, peada pelo carácter funcional da sua identidade jurídica, tem uma personalidade internacional limitada à prossecução dos objectivos e funções previstos nos Tratados (princípio da especialidade). Assim, e só para dar um exemplo, a União não pode participar na negociação de todo e qualquer convénio internacional, independentemente da matéria em causa. O artigo 216.º TFUE codifica a doutrina jurisprudencial sobre as várias fontes de habilitação da União em matéria de competência externa:

> "*A União pode celebrar acordos com um ou mais países terceiros ou organizações internacionais quando os Tratados o prevejam ou quando a celebração de um acordo seja necessária para alcançar, no âmbito das políticas da União, um dos objectivos estabelecidos pelos Tratados ou quando tal celebração esteja prevista num acto juridicamente vinculativo da União ou seja susceptível de afectar normas comuns ou alterar o seu alcance*".

---

[51] Na versão anterior ao Tratado de Lisboa, o silêncio dos Tratados a respeito da personalidade jurídica deu azo na doutrina a um aceso debate, marcado pela oposição entre os que defendiam uma personalidade jurídica embrionária ou *de facto* (v., entre nós, Fausto de Quadros, *Direito da União Europeia*, Coimbra, Almedina, 2004, p. 69), e aqueles, que, como nós, interpretando as disposições pertinentes dos Tratados e a posição reiterada nas Conferências Intergovernamentais de 1991, 1996 e 2000, concluíam que a União não podia, em seu nome, celebrar acordos internacionais – v. Maria Luísa Duarte, *Direito da União Europeia e das Comunidades Europeias*, Lisboa, Lex, vol. I, Tomo I, p. 74 e p. 266.

[52] A qualificação de organização internacional é feita por oposição ao Estado, a outra categoria-padrão de sujeitos de Direito Internacional, e não prejudica, por isso, a notória singularidade jurídica da União Europeia como *associação de Estados soberanos*.

36. Conjugado com outras disposições pertinentes dos Tratados (v. artigo 32.º UE e artigo 220.º TFUE), o artigo 47.º UE potencia a presença da União na vida internacional e, sobretudo, clarifica o seu estatuto. Seja no domínio da Política Externa (v. Título V do Tratado UE) seja no domínio da acção externa paralela à competência interna (v. Parte V do Tratado sobre o Funcionamento da UE), pese embora a diferença dos seus poderes nas áreas respectivas, a União Europeia passa a dispor de meios que visam assegurar a unidade e coerência da respectiva actuação externa[53]. Para além da personalidade jurídica, a dimensão e a efectividade da projecção externa da União Europeia estão ligadas a outras inovações introduzidas pelo Tratado de Lisboa: **1**) a figura do Alto Representante da União para os Negócios Estrangeiros e a Política de Segurança (v. artigo 18.º UE); **2**) o Serviço Europeu para a Acção Externa (v. artigo 27.º, n.º 3, UE), cuja função será a de apoiar o Alto Representante (v. artigo 27.º, n.º 3, UE)[54].

Constitui uma evidência invocar a relevância da actuação externa da União, prosseguida com garantia de coordenação de meios e coerência de objectivos. No actual contexto internacional, marcado, por um lado pelo fenómeno da globalização e da internacionalização das decisões e, por outro lado, pela afirmação de novos e poderosos actores internacionais que, com argumentos objectivos (poderio económico, peso demográfico, representação regional), disputam o protagonismo no palco internacional, à União Europeia, que congrega 27 Estados europeus e com vocação para acolher ainda mais Estados europeus, impõe-se a defesa a uma só voz dos fundamentais interesses europeus, especialmente nos domínios da segurança internacional, do comércio internacional, da regulação financeira e dos direitos do homem.

---

[53] Cfr. S. Beltrán / Cl. Jiménez, "La personalidad jurídica única de la Unión Europea: un avance en la búsqueda de mayor presencia en el sistema internacional", in AA.VV., *La proyección exterior de la Unión Europea en el Tratado Constitucional*, Barcelona, 2005, p. 24.

[54] A criação do Serviço Diplomático Europeu arranca com a unificação dos serviços externos da Comissão e do Conselho, apoiado por pessoal destacado dos serviços diplomáticos nacionais. Sobre este ponto, v., entre outros, J. M. Sobrino Heredia, "La cuestión de la representación diplomática de la Unión Europea en los trabajos de la Convención y el Tratado por el que se establece una Constitución para Europa", in J. Vidal-Beneyto (coord.), *El reto constitucional de Europa*, Madrid, Dyckinson, 2005, p. 379.

C. *A protecção dos direitos fundamentais*[55]

37. Ao artigo 6.º do Tratado da União Europeia sucede o artigo 6.º do Tratado da União Europeia, mas com alterações que permitem, doravante, falar com propriedade da existência de um sistema eurocomunitário de tutela dos direitos fundamentais. As inovações introduzidas pelo Tratado de Lisboa, através do artigo 6.º UE, respeitam, por um lado, à declaração de direitos (a) e, por outro lado, à tutela judicial dos direitos, em particular a futura relação entre o Tribunal de Justiça da União Europeia e o Tribunal Europeu dos Direitos do Homem (b).

38. a) A Carta dos Direitos Fundamentais da União Europeia, de 7 de Dezembro de 2000, incorporada na Parte II da Constituição Europeia, fixou-se com o Tratado de Lisboa num texto autónomo, mas "*tem o mesmo valor jurídico que os Tratados*".

A União Europeia dispõe, finalmente, de um catálogo próprio de direitos fundamentais. O rol de direitos pode ser considerado pouco ambicioso ou até meramente declarativo de direitos que, por via dos princípios gerais de Direito e da sua aplicação jurisprudencial, já fariam parte integrante do Direito da União Europeia. A despeito da justeza das críticas, a Carta encerra um valioso significado pela visibilidade e centralidade que proporciona às normas garantidoras de direitos. Um texto escrito vai ao encontro do princípio da certeza jurídica e do objectivo do conhecimento público que eliminam barreiras entre a norma e o seu destinatário.

Indício forte sobre a relevância jurídica da Carta é o facto de três Estados-membros – o Reino Unido, a Polónia e a República Checa – terem preferido não aplicar este novo instrumento normativo[56]. Em contrapartida, o acordo dado pelos outros Estados-membros a esta

---

[55] A apresentação sobre este ponto é, neste estudo, muito sumária. Dada a extrema relevância da temática dos direitos fundamentais, a ela dedicámos um tratamento autónomo – v. infra *A União Europeia e o sistema europeu de protecção dos direitos fundamentais – a chancela do Tratado de Lisboa.*

[56] V. *Protocolo n.º 30, relativo à aplicação da Carta dos Direitos Fundamentais da União Europeia à Polónia e ao Reino Unido.*

O Conselho Europeu de Bruxelas (29/30 de Outubro de 2009) aprovou um protocolo de extensão deste estatuto à República Checa.

pretensão suscita fundadas reservas sobre o grau de coerência e efectividade do sistema eurocomunitário de protecção dos direitos fundamentais, incompatível, por natureza, com estratégias de geometria variável.

39. b) O n.º 2 do artigo 6.º UE, prevê a adesão da UE à Convenção Europeia dos Direitos do Homem (CEDH). O acordo internacional de adesão requer deliberação unânime do Conselho, seguida de aprovação por todos os Estados-membros, *em conformidade com as respectivas normas constitucionais* (v. artigo 218.º, n.º 8, TFUE).

O objectivo relativo à adesão da UE, antes Comunidades Europeias, à CEDH tem mais de trinta anos de propostas, grupos de reflexão e até um parecer solicitado ao Tribunal de Justiça[57]. O artigo 6.º, n.º 2, UE, ultrapassa o problema da base jurídica, mas a concretização do processo depende da conjugação de vários factores, o que poderá adiar ou mesmo inviabilizar a adesão. Para além da necessidade de acordo unânime entre os 27 Estados-membros da União Europeia e os 47 Estados que são Partes Contratantes da CEDH, resultado que se afigura incerto, pesam ainda as dificuldades técnico-processuais relacionadas com a definição de um modelo adequado de participação da UE no sistema da CEDH, que permita "*preservar as especificidades do ordenamento jurídico da União*"[58].

No cenário hipotético de uma tal adesão, a União ficaria formalmente vinculada pela CEDH, seja no que se refere aos direitos reconhecidos seja no que se refere à jurisdição do Tribunal Europeu dos Direitos do Homem (TEDH) que teria, em matéria de direitos fundamentais, a última e definitiva palavra, mesmo em relação à jurisprudência adoptada pelo Tribunal de Justiça. Seria, nesta óptica, uma alteração de notável alcance que colocaria o Tribunal de Justiça num sistema em que estão também os tribunais nacionais e no qual teria, como acontece com os tribunais dos Estados-membros, de acatar a doutrina definida pelo TEDH.

---

[57] V. Parecer 2/94, de 28 de Março de 1996, *sobre a adesão da Comunidade Europeia à CEDH*, Col. 1996, p. I-1759.

[58] V. *Protocolo relativo ao n.º 2 do artigo 6.º do Tratado da União Europeia respeitante à adesão da União Europeia à CEDH*; v. *Declaração ad n.º 2 do artigo 6.º do Tratado da União Europeia*.

40. Embora dotada de uma Carta, a União continuará, como antes, obrigada a respeitar o "*bloco de fundamentalidade*" traduzido em princípios gerais de Direito que tutelam direitos previstos na CEDH ou resultantes das tradições constitucionais comuns aos Estados-membros (v. artigo 6.º, n.º 3, UE). Regista-se o acerto da solução de manter aberta a porta ao reconhecimento de direitos não expressamente codificados. Assim se garante um nível mais elevado de protecção, porque adaptável às exigências concretas de tutela. Assim se preserva a identidade genética do sistema eurocomunitário de direitos fundamentais que nasceu, importa recordá-lo, da "descoberta" feita pelo Tribunal de Justiça da força reveladora dos princípios gerais de Direito. O Tratado de Lisboa avançou no sentido da codificação dos direitos sem, contudo, limitar o método pretoriano de garantia dos direitos.

41. O artigo 6.º UE é a pedra angular do sistema, mas outras disposições dos Tratados o completam. Para além dos direitos consagrados no texto da Carta, o Tratado UE (v.g. artigos 10.º e 11.º, sobre direitos de participação política) e, em particular, o Tratado sobre o Funcionamento da UE explicitam outros direitos (v.g. artigos 20.º, 21.º, 23.º e 24.º, sobre direitos de cidadania da União; artigo 82.º, sobre direitos individuais de defesa em processo penal; artigos 151.º, 153.º e 157.º, sobre direitos sociais; artigo 169.º, sobre direitos dos consumidores).

No que toca à tutela jurisdicional, sobressai a preocupação com o reconhecimento da competência do Tribunal de Justiça. O artigo 275.º TFUE mantém a imunidade de jurisdição no que se refere às disposições em matéria de política externa e de segurança comum, mas ressalva, em nome da União de Direito e da tutela judicial efectiva, a competência do Juiz comunitário para se pronunciar sobre os recursos de legalidade relativos a medidas restritivas de direitos adoptadas contra pessoas singulares ou colectivas. Já no que tange as matérias abrangidas pelo antigo III Pilar (Cooperação Judiciária e Policial em Matéria Penal), o artigo 276.º TFUE apenas excepciona do âmbito de controlo do Tribunal de Justiça as medidas nacionais destinadas à manutenção da ordem pública e de garantia da segurança interna. Com o artigo 276.º TFUE, transitou-se de um modelo de jurisdição facultativa ou limitada a certas vias de direito para um modelo de jurisdição obrigatória, quase plena, exercida pelo Tribunal de Justiça.

D. *O sistema eurocomunitário de competências*

a) **Regulação das competências da União**

42. Para melhor enxergar o verdadeiro alcance do Tratado de Lisboa no que respeita à influência das novas disposições no traçado da linha de repartição de competências entre a União e os Estados-membros, é importante analisar a questão numa dupla perspectiva: por um lado, o Tratado de Lisboa é um fiel continuador de todos os tratados de revisão que o precederam e alarga, de forma muito considerável, o espaço de acção jurídica da União (v. infra); por outro lado, e é este o aspecto que convém abordar em primeiro lugar, o Tratado dispensa um cuidado inaudito à regulação das formas e modalidades de exercício das competências. Trata-se, na verdade, de uma abordagem coerente e complementar. Os Estados-membros, titulares originários das competências, aceitam delegar na União novos e mais alargados poderes, mas reconhecem-se o direito de definir limites, jurídicos e políticos, mais exigentes no que toca ao exercício dos poderes pelo decisor da União e, por conseguinte, mais restritivos em relação à expansibilidade da esfera de actuação da União em detrimento da área de decisão própria dos Estados-membros. É em relação a este ponto que o Tratado de Lisboa se mostra mais inovador, pelo menos no grau de clarificação que impõe.

43. No seu afã para fazer sobressair determinados princípios de funcionamento do sistema eurocomunitário de competências, o Tratado de Lisboa opta mesmo pela enunciação reiterada. Veja-se o exemplo do artigo 4.º, n.º 1, UE, e do artigo 5.º, n.º 2, *in fine*, UE, que repetem a mesma ideia, através das mesmas palavras:

> *"As competências que não sejam atribuídas à União nos Tratados pertencem aos Estados-membros".*

44. Desde o Tratado de Maastricht, a União (antes as Comunidades Europeias) estava sujeita ao *teste da competência*, dependente da observância de três princípios:

- princípio da competência por atribuição ou da tipicidade da competência (**Quem tem a competência?**);
- princípio da subsidiariedade (**Quem deve exercer a competência?**);
- princípio da proporcionalidade (**Como deve ser exercida a competência?**).

O novo artigo 5.º UE mantém a lógica do teste em três etapas (v. ex-artigo 5.º TCE), mas com relevantes alterações que vão no sentido de precisar melhor as condições de exercício das competências pela União. Em especial, regista-se a clarificação conceitual de associar o princípio da competência atribuída à fase preliminar da decisão sobre a quem pertence a competência (delimitação de poderes entre a União e os Estados-membros). O regime definido pelo artigo 4.º, n.º 1, UE, é um corolário do método da competência delegada. A União Europeia, entidade criada pelos Estados-membros, não tem, como têm os Estados-membros, a *competência das competências*, o poder de definir o âmbito e o conteúdo dos seus próprios poderes. São os Estados-membros, basicamente por via dos tratados institutivos, que *delegam* na União os poderes necessários à prossecução das atribuições fixadas nas normas pactícias. Por consequência, as competências que não são objecto de delegação, expressa ou implícita, mantêm-se na esfera residual, mas própria, de acção dos Estados-membros.

Já o princípio da subsidiariedade e o princípio da proporcionalidade modelam o exercício da competência atribuída à União, subordinados por critérios de necessidade e de proibição do excesso, respectivamente. O Tratado de Lisboa reformula o *Protocolo relativo à aplicação dos princípios da subsidiariedade e da proporcionalidade* (Tratado de Amesterdão), estabelecendo regras mais precisas no que respeita à observância das exigências associadas a estes dois princípios ao longo das várias fases do processo de decisão da União. Em particular, o novo Protocolo reserva aos Parlamentos nacionais uma intervenção que não fica confinada à emissão de um parecer de mero valor consultivo. Se a oposição ao projecto de acto legislativo for partilhada por 1/3 do Parlamentos nacionais, o projecto deve ser reanalisado e poderá, dada a maior exigência de fundamentação em sede de subsidiariedade, vir a ser retirado (v. artigo 7.º, do Protocolo).

Por outro lado, e este é um aspecto de radical inovação, o artigo 8.º, do Protocolo, reconhece ao Parlamento nacional de qualquer Estado-membro o direito de impugnar a validade de um acto legislativo com fundamento em alegada violação do princípio da subsidiariedade. O recurso é instaurado junto do Tribunal de Justiça, por iniciativa do Estado-membro (do seu Governo), mas em nome do respectivo Parlamento nacional[59].

45. Sob a epígrafe "*As categorias e os domínios de competência da União*", as disposições dos artigos 2.º a 6.º do Tratado sobre o Funcionamento da UE classificam as diferentes competências eurocomunitárias em função de critérios que, sendo inéditos no texto dos Tratados, resultam de uma consolidada construção levada a cabo pelo Tribunal de Justiça e pela doutrina[60].

O artigo 2.º TFUE enumera e caracteriza as seguintes categorias de competências:

- **competência exclusiva** (só a União pode adoptar actos juridicamente vinculativos, ficando o decisor nacional confinado à função de mera execução ou de actuação em nome da União, por ela devidamente mandatado);

---

[59] Tendo em conta os novos e reforçados poderes de participação dos Parlamentos nacionais no processo decisório da União Europeia, impõe-se uma actualização da Lei n.º 43/2006 (*Lei de acompanhamento, apreciação e pronúncia pela Assembleia da República no âmbito do processo de construção da União Europeia*). Um ponto fundamental de reforma da lei seria o reconhecimento de carácter vinculativo às resoluções da Assembleia da República dirigidas ao Governo sobre matérias da sua competência reservada, como vinculativa terá de ser a deliberação relativa à impugnação contenciosa de actos jurídicos da União, ao abrigo do referido artigo 8.º do Protocolo. Ressalve-se, contudo, que tão ou mais importante do que a adaptação legislativa, será a actuação futura da Assembleia da República, nomeadamente através da Comissão de Assuntos Europeus, de forma mais condizente com a necessidade de compensar a erosão dos seus poderes por mor da integração europeia, o que só se afigura possível se ocorrer uma participação efectiva e esclarecida no processo comunitário de decisão, equivalente, no que se refere às matérias, ao processo normativo interno.

[60] Cfr. Maria Luísa DUARTE, *A teoria dos poderes implícitos e a delimitação de competências entre a União Europeia e os Estados-membros*, Lisboa, Lex, 1997, p. 318 e segs.

– **competência partilhada** (União e Estados-membros podem adoptar actos juridicamente vinculativos, mas a competência comunitária goza do efeito do primado, pelo que o seu exercício preclude a iniciativa reguladora do decisor nacional; a recuperação da competência pelos Estados-membros depende, neste caso, de uma decisão da União no sentido da desregulamentação sobre a matéria em causa)[61];
– **competência complementar** [à União só é reconhecida a faculdade para desenvolver acções destinadas a apoiar, coordenar ou complementar a acção dos Estados-membros; à União está vedado o exercício de uma competência que se substitua à dos Estados-membros e, do mesmo passo, não pode a União aprovar actos vinculativos que envolvam um efeito de harmonização das legislações nacionais (v. directivas); por maioria de razão, excluída se deve considerar a competência de aprovação de actos juridicamente vinculativos de criação de direito uniforme (v. regulamentos)].

Duas áreas de competência da União escapam a esta grelha classificativa de três modalidades: **1**) as políticas económicas e de emprego (v. artigo 2.º, n.º 3, TFUE e artigo 5.º TFUE); **2**) a política externa e de segurança comum, incluindo a política comum de defesa (v. artigo 2.º, n.º 4, TFUE). Estamos perante domínios de actuação da União e dos Estados-membros, cuja especificidade no que toca à linha delimitadora das respectivas áreas funcionais não se ajusta ao modelo simples, mas demasiado rígido, de competências exclusivas, partilhadas ou complementares. Numa perspectiva de simplificação, podemos propor que são competências de *coordenação* entre a União e os Estados-membros, cujas respectivas esferas de acção resultam de normas de habilitação notoriamente impregnadas pelo esforço de conciliar objectivos comuns e reserva de soberania.

46. O artigo 3.º TFUE deve ser considerado exaustivo e vinculativo na enumeração que faz das matérias integrantes da competência exclusiva da União:

[61] Sobre o âmbito inibidor do exercício da competência pelo decisor da União, v. *Protocolo relativo ao exercício das competências partilhadas*.

- união aduaneira:
- estabelecimento das regras de concorrência necessárias ao funcionamento do mercado interno;
- política monetária para os Estados-membros cuja moeda seja o euro;
- conservação dos recursos biológicos do mar, no âmbito da política comum de pescas;
- política comercial comum.

O n.º 2 do artigo 3.º positiva os critérios definidos pelo Tribunal de Justiça a respeito das condições de exercício da competência exclusiva de vinculação internacional pela União Europeia, inspiradas pela ideia fundamental da não contradição entre competência interna e competência externa.

A taxatividade do artigo 3.º TFUE entende-se aplicável à enumeração de matérias da *competência exclusiva por natureza ou com fundamento directo nos Tratados*. Da articulação entre o n.º 1 e o n.º 2 do artigo 2.º TFUE, resulta que uma competência classificada como partilhada se pode transformar numa *competência exclusiva por exercício*[62], o que acontece se a União regular a matéria de forma exaustiva e ocupar o espaço normativo disponível. Em sentido inverso, esta competência pode voltar a ser partilhada se a União decidir revogar a sua legislação, no todo ou em parte. Já a competência exclusiva por natureza só pode regressar à esfera de actuação dos Estados-membros através de revisão dos Tratados.

47. O artigo 6.º TFUE é dedicado às competências complementares e nestas inclui os seguintes domínios:

- protecção e melhoria da saúde humana;
- indústria;
- cultura;
- turismo;
- educação, formação profissional, juventude e desporto;
- protecção civil;
- cooperação administrativa.

---

[62] Sobre esta distinção baseada no fundamento da competência exclusiva, v. Maria Luísa Duarte, *A teoria dos poderes implícitos...*, cit., p. 523-524.

Trata-se, em nossa opinião, por analogia com o artigo 3.º em relação à competência exclusiva, de uma enumeração taxativa.

48. Em sentido diferente, o elenco de matérias constante do artigo 4.º TFUE, aplicável às competências partilhadas, é de recorte ilustrativo. Outras matérias, para além das previstas nas onze alíneas do n.º 2, do artigo 4.º, podem integrar o âmbito da competência residual (v. artigo 4.º, n.º 1, TFUE). A letra do preceito aponta, de modo claro, nesse sentido ao introduzir a lista de matérias pela expressão "*principais domínios a seguir enunciados*" (v. artigo 4.º, n.º 2) que contrasta com a fórmula utilizada pelos artigos 3.º e 6.º ("*seguintes domínios*").

Em derrogação do critério da preclusão da competência nacional por efeito de exercício da competência pela União (v. artigo 2.º, n.º 2, TFUE), o artigo 4.º, n.ºs 3 e 4, TFUE, identifica duas áreas de competência partilhada em regime de exercício paralelo: no âmbito da investigação, do desenvolvimento e do espaço (v. artigos 179.º a 190.º, TFUE), bem como dos domínios da cooperação para o desenvolvimento (v. artigos 208.º a 211.º, TFUE) e da ajuda humanitária (v. artigo 214.º TFUE), a acção da União não prejudica a iniciativa dos Estados-membros que podem continuar a exercer a sua competência. Resta saber como, no futuro, se fará a articulação entre, por um lado, este princípio de exercício paralelo e, por outro lado, o princípio do primado do Direito da União Europeia e, outrossim, o princípio da não contradição entre acção comunitária e acção nacional.

b) Alargamento das competências da União

49. A evolução do processo europeu de integração, dos anos cinquenta até aos nossos dias, tem sido marcada pelo fenómeno da contínua expansão do âmbito material de competências do decisor comunitário. Numa primeira fase, até ao Acto Único Europeu (1986), o alargamento de poderes resultou, por um lado, da aliança bem sucedida entre a Comissão e o Tribunal de Justiça e, por outro lado, da activação da cláusula de poderes novos, actualmente prevista pelo artigo 352.º TFUE. Numa segunda fase, as novas e acrescidas competências vão brotar da vontade pactícia dos Estados-membros, sob a forma de bases jurídicas acrescentadas pelos sucessivos tratados de revisão ao estatuto jurídico da União. Neste sentido, o Tratado de Lisboa é um elo de continuidade ao introduzir em variados domínios disposições que alargam, de modo muito substancial, a esfera de actuação jurídica da União, seja pelo reforço de poderes sobre matérias já integradas no âmbito de aplicação dos Tratados seja pela previsão *ex novo* de poderes sobre matérias resgatadas à esfera governamental ou intergovernamental.

50. Em relação às competências exclusivas, verifica-se, ao invés, um retraimento do âmbito que, tradicionalmente, doutrina e jurisprudência, admitiam como matérias de monopólio comunitário. A chamada *política comum de transportes* (v. artigo 90.º TFUE) está entre as competências partilhadas [v. artigo 4.º, n.º 2, alínea g)]. Do mesmo modo, a *política comum de agricultura e pescas* (v. artigo 38.º, n.º TFUE) ou *política agrícola comum* (v. artigo 39.º, n.º 1, TFUE), com excepção da conservação dos recursos biológicos do mar, também integra as competências partilhadas [v. artigo 4.º, n.º 2, alínea d)]. Importa recordar que, até ao Tratado de Lisboa, eram matérias enquadradas na competência exclusiva[63]. Neste contexto, e dada a vinculatividade da qualificação da natureza das competências que resulta dos artigos 3.º, 4.º e 6.º do Tratado sobre o Funcionamento da UE, urge admitir que se verificou um retrocesso no nível de intensidade jurídica dos poderes atribuídos à União.

51. No tocante às competências partilhadas, regista-se um alargamento de poderes nas seguintes principais áreas: **1**) política de energia (v. artigo 194.º TFUE); **2**) cooperação judiciária e policial em matéria penal (v. artigos 82.º e segs., TFUE); **3**) problemas comuns de segurança em matéria de saúde pública (v. artigo 168.º, n.º 4, TFUE); **4**) política espacial europeia (v. artigo 189.º TFUE); **5**) ajuda humanitária (v. artigo 214.º TFUE).

---

[63] Cfr., entre outros, Fausto de QUADROS, *Direito da União Europeia*, Coimbra, Almedina, 2004, p. 196; Maria Luísa DUARTE, *A teoria dos poderes implícitos...*, cit., p. 354 e segs.; José Martín y Pérez de NANCLARES, *El sistema de competencias de la Comunidad Europea*, Madrid, MacGraw-Hill, 1997, p. 153 e segs.

52. O alargamento mais expressivo do âmbito material de atribuição da União verifica-se, contudo, no conjunto das competências complementares: **1**) novo título relativo ao turismo (v. artigo 195.º TFUE); **2**) nova política dedicada ao desporto (v. artigo 165.º, n.º 2, sétimo travessão, e n.º 3, TFUE); **3**) novo título sobre protecção civil (v. artigo 196.º TFUE); **4**) novo título sobre cooperação administrativa (v. artigo 197.º TFUE).

53. Sem prejuízo do relevo de todas estas novas ou reconstruídas bases jurídicas sobre os mais variados domínios da vida económica, social e política, dotando, assim, a União Europeia de poderes de acção sobre a globalidade das matérias susceptíveis de regulação jurídica, consideramos que a expressão mais inovadora do Tratado de Lisboa no que toca à delimitação de competências entre a União e os Estados-membros se verificou em dois domínios: **1**) **Política Externa e de Segurança Comum**, associada a uma **Política Comum de Defesa**, com a sua passagem da esfera intergovernamental para a esfera comunitária; **2**) **Protecção dos direitos fundamentais**, com a União a passar de uma situação de vinculação pelo "bloco de fundamentalidade", basicamente de fonte nacional e internacional, a uma função de decisão, com os poderes inerentes de aprovação de normas internas e de conclusão de acordos internacionais.

54. Finalmente, algumas notas sobre a evolução futura das competências da União. O artigo 352.º TFUE preserva a cláusula de poderes novos dependente do acordo unânime do Conselho, com eventual aprovação pelo Parlamento Europeu. A propósito do controlo do teste da subsidiariedade, os Parlamentos nacionais são chamados a tomar posição (v. artigo 352.º, n.º 2, TFUE). Por outro lado, e para impedir uma utilização abusiva do artigo 352.º, o seu n.º 3 proíbe a assunção de poderes novos que envolvam a harmonização das legislações nacionais sobre matérias em que tal efeito integrador esteja vedado (competências complementares).

No passado, a dinâmica expansiva das competências comunitárias ficou muito a dever ao activismo judicial do Tribunal de Justiça que adoptou uma interpretação maximalista e ampliativa – não raras vezes de alcance derrogatório – das normas habilitadoras. Não estaremos, decerto, a arriscar em demasia ao prever que o Tribunal de

Justiça se manterá fiel a esta imagem de si próprio como força propulsora da integração jurídica[64]. Não está, contudo, sozinho na galeria dos protagonistas judiciais que se reservam uma palavra sobre a suficiência da base jurídica das competências exercidas pela União. Sobre matérias que interferem de forma directa com o núcleo identitário das Constituições e que, subtraídas à esfera de actuação nacional, ameaçam a ideia do Estado soberano e democrático, os Tribunais Constitucionais dos Estados-membros, ou dotados de função equivalente, terão uma palavra a dizer sobre a eventual tentação do decisor da União, respaldado no veredicto jurisprudencial, para exceder os limites pactícios da sua competência[65].

Aos Estados-membros, enquanto titulares originários da competência, resta sempre a possibilidade, agora expressamente prevista no n.º 2 do artigo 48.º UE, de, por via da revisão dos tratados, reduzir a esfera de actuação da União e recuperar o exercício de poderes sobre determinadas matérias. Tendo em conta a especificidade do método comunitário, assente na consolidação dos avanços conseguidos, moldado pela ideia da progressividade, não é de esperar que uma renacionalização de competências possa acontecer. A positivação de uma tal prerrogativa por parte dos Estados-membros pode, contudo, ter o efeito benévolo de manter sob controlo a vocação expansiva – e excessiva, no sentido de destituída de fundamento jurídico – do decisor da União Europeia no processo de partilha de competências com o decisor nacional.

[64] Algumas das inovações introduzidas pelo Tratado de Lisboa no sistema de competências, *maxime* a classificação por categorias, às quais estão associados níveis diferenciados de vinculação do decisor nacional e, ainda, a importância conferida ao teste da subsidiariedade com a participação dos Parlamentos nacionais, deixam antever um incremento do nível de litigiosidade em torno da questão da base jurídica, da qualificação da competência e do respeito pelo princípio da subsidiariedade. O contencioso sobre competências terá como actores processuais os Estados-membros (Governo e Parlamento nacional) e as instituições comunitárias (v. artigo 263.º TFUE) e nele releva uma dimensão de indelével textura política, resultante da percepção sobre o equilíbrio de poderes – exógeno, quando está em causa a relação entre a União e os Estados-membros; endógeno, quando se trata da relação entre as diferentes instituições da União.

[65] V. infra o nosso estudo *O Tratado de Lisboa e o teste da "identidade constitucional" dos Estados-membros – uma leitura prospectiva da Decisão do Tribunal Constitucional alemão de 30 de Junho de 2009.*

E. *Estrutura institucional e equilíbrio de poderes*

a) Um quadro institucional redesenhado

55. O Tratado de Lisboa opera nos dois tratados institutivos um conjunto alargado de reformas, alinhadas em torno de três grandes objectivos: **1**) precisar melhor os poderes e as funções de cada instituição ou órgão da União para tornar mais claro o seu papel no conjunto institucional; **2**) adaptar as disposições relativas à composição, poderes e regras de deliberação das diferentes instituições e órgãos, de modo a proporcionar um funcionamento da União Europeia que, apesar de alargada e investida de funções mais ambiciosas, possa garantir maior efectividade no desempenho jurídico e uma capacidade de resposta mais ágil no plano político; **3**) adequar o desenho institucional a critérios mais exigentes de legitimação democrática.

Recorde-se a Declaração de Laeken que encimava as suas linhas de reflexão sobre a questão institucional com a referência ao lema: "*Mais democracia, transparência e eficácia na União Europeia*". O resultado obtido com a reforma do Tratado de Lisboa não será inteiramente equilibrado na forma como iguala estes objectivos. Na reorganização da estrutura institucional, prevaleceu a preocupação com a eficácia, ao passo que as alterações em matéria de procedimentos de decisão são mais consequentes com um propósito genuíno de reforço da componente democrática. Diga-se, por outro lado, que o balanço entre eficácia e democratização do modelo comunitário de decisão sempre esteve inscrito na agenda de qualquer revisão dos tratados institutivos, com particular expressão desde o Tratado de Maastricht.

Dúvidas subsistem sobre o destino longevo da reforma concretizada com o Tratado de Lisboa. O Conselho Europeu de 10/11 de Dezembro de 2009, exprimiu um voto de congratulação pela entrada em vigor do novo Tratado, com uma fórmula que congraça vaticínio e vontade política:

> "*O Tratado de Lisboa oferece à União um quadro institucional estável e duradouro e permitirá à União concentrar-se plenamente na resolução dos seus futuros desafios.*"

56. Como vimos em relação à regulação das competências, também as disposições relevantes em matéria institucional se encontram repartidas entre o Tratado UE (v. Título III), o Tratado sobre o Funcionamento da UE (v. Parte VI, Título I, Capítulos 1, 3 e 4), os Protocolos (v. Protocolo n.º 7, relativo à decisão do Conselho por maioria qualificada; v. Protocolo n.º 36, relativo às disposições transitórias) e as Declarações (v. Declarações relativas a disposições dos Tratados, n.º 4 a n.º 12). Esta sistematização, não sendo decerto a desejada em termos de transparência e até congruência do regime instituído, resultou do processo negocial que "fabricou" o Tratado de Lisboa, herdeiro de tratados muito distintos, obrigado a acomodar acordos políticos de compromisso volátil.

Em termos gerais, verificamos que o Tratado de Lisboa alimenta uma certa ambição de reformulação do quadro institucional. O traçado que dele emerge é mais conservador no que toca à existência das instituições e órgãos e mais inovador no que se refere à relação interinstitucional. Com efeito, ao elenco originário de instituições e órgãos nenhum, em rigor, é acrescentado ou eliminado. Em contrapartida, o equilíbrio de poderes no seio do tradicional triângulo institucional de decisão, composto pelo Conselho, Comissão e Parlamento Europeu, é profundamente afectado, em resultado de três aspectos de particular significado: **1**) a autonomização do Conselho Europeu e a nova modalidade de presidência electiva e permanente; **2**) a criação da figura do Alto Representante da União para os Negócios Estrangeiros e a Política de Segurança (doravante, Alto Representante); **3**) o reforço do estatuto decisional do Parlamento Europeu.

57. O artigo 13.º UE define as características gerais do quadro institucional da União Europeia:

- identifica a sua função;
- enumera as instituições;
- subordina a actuação das instituições à observância do princípio da competência, da separação de poderes e da cooperação leal;
- define o Comité Económico e Social e o Comité das Regiões como órgãos consultivos.

Enquanto disposição introdutória sobre matéria institucional, o artigo 13.º UE deveria conter alguma referência ao sentido da nova distinção entre *instituições, órgãos e organismos*. O artigo 2.º do Tratado de Lisboa, na parte relativa às *Alterações Horizontais*, determinou a substituição da expressão "*instituições e órgãos*" pela outra de "*instituições, órgãos e organismos*"[66].

O sentido a dar a esta nova designação requer, então, uma interpretação que associa elementos de leitura sistemática e histórica.

Desde a sua versão originária, os Tratados acolheram a distinção entre instituições e órgãos. Desde sempre, as instituições designaram os órgãos mais importantes da União. Nem sempre foi claro o critério identificativo da maior importância de um órgão em relação a outro. Por exemplo, o artigo 7.º TCE, na versão resultante do Tratado de Nice, arrolava entre as instituições o Tribunal de Contas, que carece de competência decisória e deixava de fora o Banco Central Europeu, dotado de poderes amplos de definição e de execução da política monetária da União. Parece, pois, razoável concluir que a acepção de instituição sempre foi mais política do que jurídica[67].

O artigo 13.º UE adita ao rol das instituições os seguintes órgãos: o Conselho Europeu e o Banco Central Europeu. Com este alargamento da lista de instituições, fica mais coerente o quadro institucional da União que integra todos os órgãos mais relevantes, quer na óptica da sua competência juridicamente vinculativa quer na óptica da sua função. (v.g. Tribunal de Contas).

Quanto ao conceito de *organismos*, com ele se pretende abranger uma realidade promovida, há muito, pela prática institucional. Sob o conceito de *organismos*, encontramos entidades jurídicas e funcionais muito distintas que têm, em comum, pelo menos dois traços: **1**) não estão previstos no texto dos Tratados; **2**) são criados por decisão das instituições competentes da União, dotados de personalidade jurídica. Estes organismos personalizados, que não se devem confundir com a categoria de órgãos complementares, criados também por decisão da União (v.g. comités técnicos), são cada vez em maior número e aparecem sob as mais variadas designações e aparato jurídico (v.g. agência, instituto, observatório, centro)[68]. A sua

---

[66] V. Maria Luísa DUARTE / Carlos Alberto LOPES, *O Tratado de Lisboa...*, cit., p. 486.

[67] Sobre as razões, v. Maria Luísa DUARTE, *Direito da União Europeia e das Comunidades Europeias*, Lisboa, Lex, 2001, vol. I, Tomo I, p. 89-90.

[68] Cfr. Maria Luísa DUARTE, *Direito da União Europeia...*, cit., p. 208.

visibilidade, note-se, não resulta apenas do seu número; é fruto, sobretudo, da natureza das respectivas atribuições que lhes reconhecem o direito de aprovar actos jurídicos que produzem efeitos na esfera dos particulares. Assim se compreende, por exemplo, a nova regra do parágrafo primeiro do artigo 263.º TFUE (recurso de anulação) que, destinada a ultrapassar o problema sério do défice de controlo judicial dos actos adoptados pelos organismos da União, passa a admitir a sua impugnação pelos destinatários. O parágrafo quinto do artigo 263.º TFUE permite que o acto instituidor do organismo possa estabelecer condições e regras específicas de impugnação dos respectivos actos por iniciativa dos particulares, devendo entender-se, contudo, que a eventual definição de regras específicas não pode pôr em causa o direito à impugnação judicial.

b) **O Parlamento Europeu**

58. No cômputo global de ganhos e perdas, o Parlamento Europeu, na relação com as restantes instituições do quarteto responsável pela decisão política (Parlamento Europeu, Conselho Europeu, Conselho e Comissão), logrou avantajar a sua expressão. Destaca-se, em especial, a generalização do procedimento de co-decisão no que respeita à função normativa. Como estabelece o artigo 14.º, n.º 1, UE: "*O Parlamento Europeu exerce, juntamente com o Conselho, a função legislativa e a função orçamental*". Nos mais diversos domínios de regulação material, aplica-se o procedimento legislativo ordinário através de decisão conjunta do Parlamento Europeu e do Conselho (v. artigo 289.º TFUE e artigo 294.º TFUE).

Para além do reforço dos seus poderes no procedimento orçamental, o Parlamento Europeu passa ainda a exercer competência deliberativa sobre matérias tão importantes como a aprovação de alterações aos Tratados pelo processo simplificado (v. artigo 48.º, n.º 7, parágrafo quarto, UE), a aprovação do acordo de retirada de um Estado-membro (v. artigo 50.º, n.º 2, UE), a aprovação do exercício de poderes novos pela União (v. artigo 352.º, n.º 1, TFUE), a aprovação de um número muito alargado de acordos internacionais (v. artigo 218.º, n.º 6, TFUE). Por outro lado, a alteração no processo de nomeação do Presidente da Comissão foi no sentido de acentuar a relevância da intervenção do Parlamento Europeu, competente agora para *eleger* o candidato proposto pelo Conselho Europeu (v. artigo 17.º, n.º 7, UE).

59. Uma das questões mais esquinadas do processo negocial, primeiro tratada na Constituição Europeia, depois transposta para o Tratado de Lisboa, foi a do número de deputados europeus. Contrariamente à solução pregressa, de definição do número no texto dos Tratados (v. ex-artigo 190.º TCE), optou-se pela enunciação de critérios orientadores: **1**) o número total não pode ser superior a setecentos e cinquenta, mais o Presidente; **2**) a representação dos cidadãos é degressivamente proporcional, com um mínimo de seis deputados por Estado-membro e um máximo de noventa e seis lugares[69].

O acordo definido assegura um certo equilíbrio entre Estados mais e menos populosos, com crédito para estes últimos[70].

60. A Itália ameaçou bloquear este acordo com a sua frontal oposição a uma representação inferior à do Reino Unido e à da França. Um lugar adicional foi obtido pela Itália (v. *Declaração n.º 4, sobre a composição do Parlamento Europeu*), com base em argumentos que merecem adequada ponderação entre nós, pois poderão favorecer a posição negocial portuguesa no futuro. Nos termos do artigo 14.º, n.º 2, UE, o Parlamento é composto por representantes dos cidadãos da União e é cidadão da União qualquer pessoa que tenha a nacionalidade de um Estado-membro (v. artigo 9.º UE e artigo 20.º, n.º 1, TFUE), pelo que a representação deve ter por base o número de cidadãos de um Estado-membro, incluindo os que residem no território de outros Estados-membros (v. *Declaração n.º 57, da República Italiana relativa à composição do Parlamento Europeu*). A questão é, pois, a de saber qual o critério determinante: **população**, o que favorece os Estados-membros de acolhimento de imigrantes, ou **nacionalidade**, o que favoreceria Estados-membros,

---

[69] Portugal que tinha 24 Deputados no Parlamento Europeu perdeu 2 lugares na legislatura 2009-2014 (v. Acto de Adesão da Bulgária e da Roménia).

[70] O Luxemburgo garante um lugar de deputado que representa 71.500 habitantes ao passo que a Alemanha precisa de 828.600 habitantes para o mesmo lugar de deputado europeu.

como a Itália ou Portugal, com tradição de emigração. A questão foi aflorada, mas não resolvida, embora a redacção das disposições relevantes aponte no sentido do critério político (cidadania) e não do critério meramente demográfico (população).

c) **O Conselho Europeu**

61. De todas as instâncias de decisão da União, o Conselho Europeu é a que mais beneficia com o regime instituído pelo Tratado de Lisboa. A instância que representa os Estados-membros ao mais alto nível (v. artigo 15.º, n.º 2, UE) adquire autonomia em relação ao Conselho, a partir do qual foi criado em 1974, entra no elenco das instituições da União (v. artigo 13.º UE, logo a seguir ao Parlamento Europeu) e, mais importante do que tudo, ganha uma presidência distinta da do Conselho, definida por eleição. O Conselho Europeu elege o seu Presidente por maioria qualificada, para um mandato de dois anos e meio, renovável uma vez (v. artigo 15.º, n.º 5, UE).

O Presidente do Conselho Europeu estará destinado a desempenhar um papel de acentuado relevo político, seja no plano interno da dinamização das políticas da União, em articulação com o Presidente da Comissão e com o Conselho dos Assuntos Gerais (v. artigo 15.º, n.º 6, UE) seja no plano da representação externa da União, sem prejuízo – ressalva o artigo 15.º, n.º 6, UE – das atribuições do Alto Representante. O artigo 15.º, n.º 5, *in fine*, UE, estabelece a incompatibilidade do cargo com o exercício de "*qualquer mandato nacional*", o que deixa em aberto a hipótese de uma acumulação da presidência do Conselho com mandatos de âmbito regional e local ou, mesmo, com a Presidência da Comissão. Esta hipótese não terá verosimilhança em termos políticos, mas seria mais ponderado estender a incompatibilidade ao exercício de qualquer outro mandato político.

62. O Conselho Europeu conserva a sua tradicional função de instância superior de impulsão da política da União, agora reforçada pela atribuição de poderes efectivos de conformação de outras instituições – sobre a composição do Parlamento Europeu (v. artigo 14.º, n.º 2, UE); sobre a formação do Conselho e o sistema de presidências rotativas (v. artigo 236.º TFUE); sobre o sistema de rotação dos

Comissários (v. artigo 244.º TFUE); sobre a proposta de um candidato ao cargo de Presidente da Comissão (v. artigo 17.º, n.º 7, UE); sobre a nomeação e termo de mandato do Alto Representante (v. artigo 18.º, n.º 1, UE); sobre a nomeação da Comissão Executiva do Banco Central Europeu (v. artigo 283.º, n.º 2, TFUE).

Em matéria de competências mais relevantes, o Conselho Europeu tem ainda a palavra decisiva sobre o funcionamento das chamadas cláusulas-passarela que permitem transitar do procedimento especial para o procedimento ordinário e substituir a unanimidade no seio do Conselho pela regra de maioria qualificada (v.g. artigo 31.º, n.º 3, UE) bem como sobre o processo de revisão simplificado do artigo 48.º, n.º 6, UE.

63. O Tratado de Lisboa retém o consenso como regra de deliberação no seio do Conselho Europeu (v. artigo 15.º, n.º 4, UE), a qual, dispensando a votação, melhor se adequa a uma demanda de compromissos políticos. Sublinhe-se, aliás, que o artigo 15.º, n.º 1, UE, fixa o Conselho Europeu no campo das decisões políticas ao determinar que "*não exerce função legislativa*".

Nos casos tipificados nos Tratados de votação no Conselho Europeu por maioria simples (v. artigo 235.º, n.º 3, TFUE), por maioria qualificada (v. artigo 236.º TFUE) ou por unanimidade (v. artigo 244.º TFUE), não participam na deliberação nem o Presidente da instituição nem o Presidente da Comissão. Apenas votam os Chefes de Estado e de Governo, em nome do princípio intergovernamental.

d) O Conselho da União Europeia

64. O Tratado de Lisboa emprestou ao Conselho novos traços relativos a aspectos organizativos (formação do Conselho e respectivas presidências) e ao processo deliberativo por maioria qualificada. Por se tratar de matéria estreitamente ligada aos procedimentos de decisão, abordaremos este ponto na sua sede própria (v. *infra F.*).

65. O Tratado de Lisboa enfraquece o Conselho e restringe a sua autonomia estatutária. No sistema anterior, o Conselho, através da aprovação do regulamento interno, era competente para decidir sobre a respectiva organização interna, mormente a definição do número e natureza das formações ministeriais em que, dependendo da matéria, se apresentava[71]. A Presidência do Conselho e das suas diferentes formações era exercida pelo Estado-membro que, ao abrigo do sistema pré-definido de rotação, exercia a presidência semestral. Ao invés, o Tratado de Lisboa deposita nas mãos do Conselho Europeu a decisão sobre a lista das formações do Conselho [v. artigo 236.º, alínea a), TFUE][72]. Apenas duas formações têm existência garantida pelos Tratados – o Conselho dos Assuntos Gerais e o Conselho dos Negócios Estrangeiros [v. artigo 16.º, n.º 6, UE, e artigo 236.º, alínea a), TFUE].

Em prol do princípio da transparência, tendo por base a analogia – inconsistente, sublinhe-se – entre o Conselho e um órgão parlamentar, o artigo 16.º, n.º 8, UE, determina que são públicas as reuniões do Conselho em que esta delibere e vote sobre actos legislativos.

66. Com excepção do Conselho dos Negócios Estrangeiros, presidido pelo Alto Representante (v. artigo 18.º, n.º 3, UE), a Presidência das diferentes formações do Conselho é objecto de decisão pelo Conselho Europeu [v. artigo 236.º, alínea b), TFUE], adoptando um sistema de rotação igualitária (v. artigo 16.º, n.º 9, UE). Em Declaração anexa à Acta Final (v. *Declaração n.º 9, relativa ao n.º 9 do artigo 16.º UE, sobre a decisão do Conselho Europeu relativa ao exercício da Presidência do Conselho*) foi delineado um novo sistema de presidência decalcado na fórmula da troika, já largamente praticada pelos Estados-membros nos últimos anos e, depois, vertida

[71] Cfr. Maria Luísa Duarte, *Direito da União Europeia...*, cit., p. 113 e segs.

[72] Enquanto o Conselho Europeu não exercer essa competência, e parece que prefere não a exercer, pertence ao Conselho dos Assuntos Gerais a aprovação da lista das formações, nos termos do artigo 4.º do *Protocolo relativo às medidas transitórias*. No mesmo dia em que o Conselho Europeu aprovou a decisão relativa ao exercício da Presidência, ao abrigo da alínea b) do artigo 236.º TFUE, o Conselho dos Assuntos Gerais aprovou a lista de formações, decisão que poderá indiciar a existência de um acordo entre Conselho Europeu e Conselho no sentido de respeitar a autonomia de funcionamento deste último, embora contrário à regra vertida na alínea a) do artigo 236.º TFUE – v. Decisão do Conselho (Assuntos Gerais), de 1 de Dezembro de 2009, que estabelece a lista de formações do Conselho adicionais às referidas no segundo e terceiro parágrafos, n.º 6 do artigo 16.º do Tratado da União Europeia (in JOUE n.º L 315, de 2.12.2009, p. 46).

no Regulamento Interno do Conselho[73]. Assim, prevê-se que a Presidência do Conselho seja assegurada por grupos pré-determinados de três Estados-membros durante um período de 18 meses. Estes grupos são formados por aplicação de um sistema de rotação igualitária entre os Estados-membros, agrupando-os em função de critérios de diversidade (pequenos Estados com grandes Estados; Estados mais ricos com Estados menos favorecidos, etc.) e de equilíbrios geográficos na União. Cada Estado-membro da troika exerce, por rotação, a presidência das formações do Conselho, com excepção do Conselho dos Negócios Estrangeiros, e os outros dois Estados-membros asseguram nesse período funções de apoio à Presidência, tendo por base um programa comum[74].

Este sistema de troika rotativa será mais exigente e complexo do que o modelo anterior de presidências semestrais, mas, no quadro de uma União Europeia cada vez mais alargada e que acolhe Estados de perfil muito heterogéneo, acreditamos que este formato possa potenciar o nível de desempenho de cada Estado-membro, integrado num grupo que projecta um programa de médio prazo (18 meses) e que ajuda a compensar eventuais fragilidades de um membro do conjunto. Resta, contudo, lamentar que o novo formato de presidências do Conselho Europeu e do Conselho tenha definido Bruxelas como o lugar de encontro, pondo fim a uma colorida tradição de cimeiras e reuniões nas capitais e cidades dos diferentes Estados-membros. Uma tradição que promovia o turismo e as culturas locais, uma tradição que originou a ligação de tratados e de outras decisões importantes a cidades emblemáticas do roteiro histórico e cosmopolita europeu, como Paris, Roma, Porto, Amesterdão, Nice e Lisboa.

---

[73] Em 2006, o Conselho adaptou o seu Regulamento Interno ao funcionamento das presidências por período de 18 meses, repartidas por três Estados-membros. O primeiro trio foi constituído em Janeiro de 2007, com a Alemanha, Portugal e Eslovénia (v. Decisão do Conselho 2007/5/CE, Euratom, de 1 de Janeiro de 2007 – JOUE n.º L1, de 4.1.2007, p. 11).

[74] O Conselho Europeu aprovou na data de entrada em vigor do Tratado de Lisboa, nos termos da Declaração n.º 9 anexa à Acta Final, a decisão instituidora deste formato triangular de presidência (v. Decisão do Conselho Europeu, n.º 2009/881/UE, de 1 de Dezembro de 2009, JOUE n.º L 315, de 2.12.2009, p. 50).

e) A Comissão Europeia

67. O Tratado de Lisboa altera, depreciando, o papel da Comissão no quarteto institucional, em consequência não da redução formal dos seus poderes, mas antes da valorização funcional do Conselho Europeu e do Parlamento Europeu, bem como da criação do Alto Representante.

Duas alterações cumpre, contudo, salientar: **1**) a relativa à composição da Comissão; **2**) a relativa ao novo procedimento de eleição do seu Presidente.

68. O artigo 17.º, n.º 5, UE, previa que, a partir de 1 de Novembro de 2014, a Comissão seria composta por um número de membros, incluindo o seu Presidente e o Alto Representante, correspondente a 2/3 do número de Estados-membros. Uma Comissão mais pequena seria uma Comissão, atenta a sua vocação de órgão executivo, mais ágil e mais coesa. O preço a pagar por este eventual ganho de eficácia seria, contudo, muito alto. Estava em causa um princípio tradicional de representação igualitária dos Estados-membros no seio da Comissão que, longe de veicular uma concepção arcaica de soberania e igualdade entre parceiros, traduzia, por um lado, uma exigência nuclear relativa à articulação efectiva entre a Comissão e **todos os Estados-membros** e, por outro lado, concretizava a necessidade de ter em conta as realidades políticas, sociais e económicas de **todos os Estados-membros**. A Declaração n.º 10, anexa à Acta Final, enunciava estas preocupações no contexto futuro de uma Comissão que deixaria de incluir nacionais de todos os Estados-membros.

Este problema acabou por ser ultrapassado para resolver um outro problema, demonstrando o sucesso de uma abordagem que também podemos identificar com o método comunitário e que transforma as crises em oportunidades de solução. No caso concreto, a Irlanda, na sequência do primeiro referendo, reclamou várias garantias e uma delas era, justamente, a de a Comissão continuar, depois da entrada em vigor do Tratado de Lisboa, a ser constituída por um nacional de cada Estado-membro. A promessa foi feita no Conselho Europeu[75], depen-

[75] V. Conclusões da Presidência do Conselho Europeu de Bruxelas, de 18/19 de Junho de 2009, p. 2.

dendo a sua efectivação jurídica de uma deliberação unânime do Conselho Europeu, aplicável à próxima Comissão (2014-2019), baseada no artigo 17.º, n.º 5, UE.

69. O Tratado de Lisboa altera o procedimento de designação da Comissão apenas na parte relativa ao seu presidente. O artigo 14.º, n.º 1, UE, investe o Parlamento Europeu do poder de eleger o Presidente da Comissão. Por seu lado, o artigo 17.º, n.º 7, UE, estabelece:

> "*Tendo em conta as eleições para o Parlamento Europeu e depois de proceder às consultas adequadas, o Conselho Europeu, deliberando por maioria qualificada, propõe ao Parlamento Europeu um candidato ao cargo de Presidente da Comissão.* ***O candidato é eleito pelo Parlamento Europeu por maioria dos membros que o compõem***" (ênfase acrescentada)[76].

Existe neste procedimento um elemento substancial, de relevo político: a escolha do candidato deve reflectir os resultados nas eleições europeias; e um outro elemento de conteúdo mais simbólico, pois a aceitação do candidato proposto tem a forma de eleição e não de mera aprovação, como na versão anterior, resultante do Tratado de Nice (v. ex-artigo 214.º, n.º 2, TCE). Os dois elementos confluem no sentido de sublinhar a carga política, de feição parlamentar, da escolha do Presidente da Comissão, cujo mandato fica assim muito mais dependente da maioria política que impera no hemiciclo de Estrasburgo. Uma reforçada legitimação democrática do processo de designação dos membros da Comissão, em particular do seu Presidente, carrega consigo a consequência inexorável de uma politização eventualmente excessiva da Comissão, dividida entre o Conselho Europeu e o Parlamento Europeu, as duas instituições politicamente mais fortes da União Europeia.

---

[76] V. Declaração n.º 11, anexa à Acta Final, sobre os n.ºs 6 e 7 do artigo 17.º, apelando para o desenvolvimento de consultas entre o Parlamento Europeu e o Conselho Europeu, prévias à designação do candidato.

f) O Alto Representante da União para os Negócios Estrangeiros e a Política de Segurança

70. Na Constituição Europeia, ostentava a designação de Ministro dos Negócios Estrangeiros da União (v. artigo I-28.º, TECE). O Tratado de Lisboa conservou intacto o estatuto funcional, mas teve de lhe encontrar uma nova graça para esvaziar o libelo acusatório dos federalistas. A escolha recaiu sobre a designação já consagrada no Tratado de Amesterdão, de Alto Representante para a política externa e de segurança comum. Aliviado da chancela ministerial, o Alto Representante será, porventura, a maior incógnita do regime instituído pelo Tratado de Lisboa no que se refere à viabilidade do novo cargo no quadro institucional formado pelo Conselho Europeu, Conselho da União e Comissão.

O Alto Representante é nomeado pelo Conselho Europeu, mas com o acordo do Presidente da Comissão (v. artigo 18.º, n.º 1, UE). O Alto Representante preside ao Conselho dos Negócios Estrangeiros (18.º, n.º 3, UE) e é também um dos vice-presidentes da Comissão (v. artigo 18.º, n.º 4, UE). Ao Alto Representante compete conduzir a política externa e de segurança comum da União, na qualidade de mandatário do Conselho. Trata-se, pois, de um cargo inteiramente novo e de configuração muito original. O Alto Representante tem um pé assente no Conselho e um pé assente na Comissão, cabendo-lhe não apenas coordenar a acção externa da União, mas, sobretudo, articular as políticas destas duas instituições que, com o Conselho Europeu[77], partilham a responsabilidade principal pela actuação externa da União, incluindo a sua política de segurança. Tendo em conta o estatuto da Comissão, fortemente inspirado por critérios de independência política e de autonomia de funcionamento, o Alto Representante, nomeado pelo Conselho Europeu e presidente de uma das mais proeminentes formações do Conselho, suscitará, decerto, alguns problemas de coexistência com a Comissão. Para além das questões de ordem jurídico-procedimental, às quais o artigo 18.º, n.º 4, UE, procura responder, serão mais árduas de superar as divergências

[77] O Alto Representante não integra o Conselho Europeu, mas participa nos seus trabalhos (v. artigo 15.º, n.º 2, UE).

de ordem política, ditadas pela tradicional dicotomia entre a abordagem intergovernamental (Conselho) e a abordagem comunitária ou supranacional (Comissão).

71. O pensamento mais benévolo que nos ocorre a título de vaticínio é que o Alto Representante poderá falhar a incumbência de representar a União, apanhado na sobreposição de poderes entre o Conselho e a Comissão. Sói atribuir-se a relativa invisibilidade da União Europeia no plano das relações internacionais à ausência de um interlocutor único e forte, com quem "os grandes do Mundo" possam directamente tratar. O Alto Representante, perdido no seu labirinto interno, tem elevadas probabilidades de manter a Política Externa no registo de irrelevância que, infelizmente, tem caracterizado a acção da União Europeia no cenário cada vez mais disputado do protagonismo internacional.

g) Outros órgãos

72. Sobre o sistema orgânico de justiça da União Europeia, o Tratado de Lisboa clarifica o estatuto de instituição atribuído ao Tribunal de Justiça da União Europeia (v. artigo 13.º, n.º 1, UE) que, nos termos do artigo 19.º, n.º 1, UE, inclui o Tribunal de Justiça, o Tribunal Geral e os tribunais especializados. Regressa-se assim, e bem, à fórmula anterior ao Tratado de Nice – **uma instituição, vários tribunais**. No momento, são o Tribunal de Justiça, o Tribunal Geral e o Tribunal da Função Pública, mas poderá o seu número aumentar através da criação de outros tribunais especializados[78]. Com a nova redacção do artigo 19.º, n.º 1, UE, recupera-se um princípio basilar de unidade institucional no sistema comunitário de aplicação judicial do Direito que se reflecte, com coerência, no regime definido para os tribunais integrantes do sistema, *maxime* sob a forma de garantia de recurso das decisões para o tribunal superior (v. artigo 256.º, n.º 2, TFUE; artigo 257.º, parágrafo terceiro, TFUE).

---

[78] Designação que substitui, com acerto técnico, a expressão "câmaras jurisdicionais" (v. ex-artigo 225.º-A.TCE).

No procedimento de selecção dos membros do Tribunal de Justiça e do Tribunal Geral intervém um comité, incumbido de dar parecer sobre a adequação dos candidatos ao exercício das funções de juiz e advogado-geral (v. artigo 255.º TFUE). O comité será composto por sete personalidades, cuja base de recrutamento são os antigos membros do Tribunal de Justiça, do Tribunal Geral, os membros dos tribunais nacionais supremos e juristas de reconhecida competência. Trata-se de uma louvável inovação a de sujeitar os candidatos a um escrutínio prévio de idoneidade funcional.

73. O artigo 13.º, n.º 4, UE, reconhece a função consultiva do Comité Económico e Social e do Comité das Regiões, fazendo-os sobressair no conjunto vasto de órgãos consultivos da União Europeia. A referência constante desta disposição pressupõe uma relação de equivalência entre estes dois órgãos. No entanto, outras disposições privilegiam o Comité das Regiões ao permitir-lhe o exercício de poderes que não são alargados ao congénere Comité Económico e Social e que, em rigor, nem se antolham compatíveis com o estatuto de órgão consultivo – v.g. iniciativa processual de impugnação de actos jurídicos da União para salvaguardar as respectivas prerrogativas (v. artigo 263.º, parágrafo terceiro, TFUE) e com fundamento na alegada violação do princípio da subsidiariedade (v. artigo 8.º, parágrafo segundo, do *Protocolo relativo à aplicação dos princípios da subsidiariedade e da proporcionalidade*). Não se trata de uma opção neutra do ponto de vista político e da escala de valores seguida como referência pelos Estados-membros. Enquanto o Comité das Regiões foi valorizado com esta importante prerrogativa de defesa por via judicial dos seus poderes de participação no processo comunitário de decisão, prerrogativa simétrica foi negada ao Provedor de Justiça Europeu (v. artigo 228.º TFUE), para garantir os direitos dos cidadãos da União, e ao Comité Económico e Social, representativo das forças vivas da sociedade civil (v. artigo 300.º, n.º 2, TFUE; artigos 301.º a 304.º TFUE), para tutela das minguadas cláusulas sociais dos Tratados. Sob este contraste, descobre-se um propósito que desnuda o cinismo da habitual narrativa comunitária sobre a premência de aproximar os cidadãos da União das respectivas instâncias de poder.

h) O novo sistema de governo da União Europeia – algures entre a legitimidade intergovernamental, a legitimidade comunitária e a legitimidade democrática, sob condição personalista

74. As alterações à estrutura institucional-decisória da União, que acabamos de inventariar de forma sumária, terão, no seu conjunto, um impacto de mudança no respectivo sistema de governo. Notas mais salientes desta mudança anunciada: **1**) o trio institucional, formado pelo Conselho, Comissão e Parlamento Europeu, dá lugar ao quarteto institucional, reforçado com o Conselho Europeu que emerge como uma super-instituição; **2**) o revigoramento da legitimidade intergovernamental e da legitimidade democrática, em detrimento da legitimidade comunitária; **3**) a multiplicação das presidências e a sua potencial conflitualidade; **4**) a relativa imprecisão ou insuficiência dos critérios de delimitação de funções intersectantes.

75. 1) Mesmo após a institucionalização do Conselho Europeu pelo Acto Único Europeu (1986), o cenáculo dos Chefes de Estado e de Governo, aos quais se juntou o Presidente da Comissão, permaneceu uma instância apartada da lide comum do exercício do poder. Esta responsabilidade era repartida entre a Comissão, o Conselho e o Parlamento Europeu. No quadro institucional redesenhado pelo Tratado de Lisboa, o Conselho Europeu transfigura-se: divide com as demais o estatuto de instituição; adquire uma presidência estável e electiva; exerce competências relativas à composição, organização e poderes do Conselho e da Comissão. Não tem, é certo, competências de natureza legislativa, mas beneficia de um rol alargado de poderes qualificados de configuração político-institucional. Em suma, o Tratado de Lisboa formaliza o Conselho como uma **super-instituição**. Ao trio institucional, de lenta consolidação, sucede o quarteto institucional, no qual pontifica o Conselho Europeu em virtude da titularidade de poderes subordinantes.

76. 2) Na estrutura institucional da União Europeia, a relação de coexistência entre as diferentes instituições e órgãos reflecte, naturalmente, um certo equilíbrio de poderes que faz parte integrante do pacto entre os Estados-membros. Assim se compreende que qualquer alteração dos Tratados sobre matérias como a composição dos órgãos, regras de deliberação e âmbito de competências tenha implicações imediatas no equilíbrio delicado que escora o vigamento de decisão da União Europeia. A interpretação do modelo de equilíbrio de poderes depende da clara identificação da fonte de legitimidade que condiciona a existência, funcionamento e esfera de actuação de cada instituição[79].

O Parlamento Europeu, eleito por sufrágio directo e universal dos cidadãos da União (v. artigo 14.º, n.ºs 2 e 3, UE; v. artigo 22.º, n.º 2, TFUE), é a única instituição que recolhe a **legitimidade democrática**. O Conselho Europeu e o Conselho, compostos por representantes dos Estados-membros, dão testemunho da **legitimidade intergovernamental**. A Comissão, cujos membros são escolhidos "*em função da competência geral e do seu empenhamento europeu*" (v. artigo 17.º, n.º 3, UE), presidida por uma personalidade afecta à maioria política do Parlamento Europeu, incumbida de velar pela aplicação dos Tratados (v. artigo 17.º, n.º 1, UE), à qual é reconhecido um estatuto de estrita independência em relação aos Estados (v. artigo 245.º TFUE), a Comissão, dizíamos, promove o interesse geral da União (v. artigo 17.º, n.º 1, UE) e representa, por isso, uma legitimidade auto-referencial, a **legitimidade comunitária ou integrativa**[80].

O Tratado de Lisboa interferiu com o equilíbrio de poderes e com a relação entre fontes de legitimidade. As modificações registadas apontam na direcção de um claro revigoramento da legitimidade

---

[79] Cfr. Maria Luísa Duarte, *Direito da União Europeia...*, cit., p. 90-91.

[80] A nossa análise está limitada à estrutura institucional de decisão política, pelo que dela excluímos as restantes instituições definidas pelo artigo 13.º UE. Uma reflexão mereceria o Banco Central Europeu – dotado de personalidade jurídica e investido de importantes poderes de delineamento e execução da política monetária da União (v. artigo 282.º TFUE; v. artigos 127.º a 133.º TFUE; v. *Protocolo relativo aos Estatutos do SEBC e do BCE*), o BCE incarna uma espécie de legitimidade tecnocrática que justifica, de um modo que nos parece desproporcionado e disfuncional, a estrita independência em relação aos mecanismos comuns, e necessários, de controlo recíproco entre instituições que compõem um mesmo sistema. Nem mesmo a legitimidade tecnocrática deveria fundamentar o modelo auto-gestionário do BCE, imune a qualquer forma de influência ou escrutínio por parte das instituições que, directa ou indirectamente, respondem pelas opções macroeconómicas dos Estados-membros e da União.

intergovernamental, de um reforço da legitimidade democrática e de um confinamento – orgânico e político – da legitimidade comunitária.

A instituição mais beneficiada foi, já vimos, o Conselho Europeu. A par do novo estatuto político-institucional de que goza o Conselho Europeu, outros factores concorrem no sentido de garantir um maior controlo por parte dos Estados-membros no governo da União Europeia: o cargo de Alto Representante, com função de vice-presidência da Comissão; a intervenção dos parlamentos nacionais no processo comunitário de decisão em razão do princípio da subsidiariedade, susceptível de traduzir uma posição nacional definida pelo respectivo Governo. O contraponto é dado pelo aumento de matérias que são objecto de decisão por maioria qualificada em substituição da unanimidade e, sobretudo, pelo estatuto alentado do Parlamento Europeu que, por regra, passa a co-decisor na função normativa, em pé de igualdade com o Conselho. Em resultado de equilíbrios negociados e renegociados no longo caminho até Lisboa, é a Comissão que sofre uma maior erosão do seu papel no sistema de governo. No plano formal, a Comissão não perde competências. O seu enfraquecimento é, na verdade, a consequência do fortalecimento do Conselho Europeu e da criação do Alto Representante, deslocando o eixo central do poder para a suprema instituição representativa dos Estados-membros. Sublinhe-se que este debilitamento não nasce inopinadamente com o Tratado de Lisboa, porque, há longos anos, porventura desde os meados da década de noventa, depois do período de ouro da Presidência de Jacques Delors, a Comissão perdeu iniciativa política e direcção estratégica. Importa, contudo, suster a tentação para dar como definitivas e certas estas implicações e, sobretudo, para as incensar ou proscrever, dependendo das perspectivas. Em primeiro lugar, a confirmação ou não da perda de influência da Comissão depende muito de circunstâncias como o músculo político da sua presidência. A eventual ocorrência de crises e factores de cisão no seio de um grupo alargado e heterogéneo como são os 27 Estados-membros favorecerá a sua intervenção como instância independente e arbitral, capaz de engendrar soluções a partir da ponderada representação do interesse geral da União. Em segundo lugar, e este é um equívoco muito generalizado, a dimensão intergovernamental do sistema de governo da União não é necessariamente negativa e bloqueadora. O método comunitário concilia controlo directo dos

Estados-membros e controlo autónomo, exercido pela Comissão, pelo Banco Central Europeu e pelo Tribunal de Justiça da União Europeia. No passado, a intervenção dos Estados-membros, através do Conselho ou, em situações de crise, através da negociação diplomática (v.g. Acordos do Luxemburgo), demonstrou que o elemento intergovernamental é parte essencial da complexa equação político-decisional da União Europeia[81].

Tendo presente a natureza derivada dos poderes da União, a intervenção dos Estados-membros no sistema de governo concretiza o princípio fundamental do exercício em comum de poderes e é, por regra, garante de eficiência do processo de decisão. A maior especificidade da opção intergovernamental é a sua exigência na aplicação do método da permanente negociação política, geradora dos compromissos possíveis.

Não podemos, é certo, ignorar os riscos do intergovernamentalismo como sinónimo de directório, a autoridade ditada por um conjunto restrito de Estados-membros que, invocando a força da sua economia, o peso da sua população ou a precedência da sua antiguidade no processo de integração, se arrogam o estatuto de "grandes"[82].

---

[81] Vem a propósito recordar a conhecida dualidade entre "*supranacionalidade decisional*" e "*supranacionalidade normativa*" proposta por Joseph Weiler. Com esta distinção, pretendia o Autor demonstrar a coexistência virtuosa entre, por um lado, o método intergovernamental de definição das regras e políticas da União e, por outro lado, o método comunitário de vinculação dos Estados, obrigados a respeitar as normas e políticas comunitárias. Sobre esta construção teórica e o seu potencial explicativo do papel único dos Estados-membros no processo de construção europeia, v. Maria Luísa Duarte, *A teoria dos poderes implícitos...*, cit., p. 291-292, p. 358 e segs.

A génese desta concepção remonta, segundo o próprio Autor, ao estudo de 1981 intitulado "The Community System: the dual caracter of supranationalism", *in Yearbook of European Law*, 1981, I, p. 271. Em estudo mais recente, Joseph Weiler adapta a ideia original, concluindo que, apesar da primazia normativa, o poder real continua a pertencer aos Estados-membros, a autoridade decisória é construída de baixo para cima. A especificidade da União, que o Autor caracteriza como o *sonderweg* europeu, reside na combinação entre a forma institucional de raiz confederal e a ordenação normativa de inspiração federal – v. "El principio de tolerancia constitucional: la dimensión espiritual de la integración europea", in F. Balaguer Callejón (coord.), *Derecho Constitucional y cultura. Estudios en homenage a Peter Häberle*, Tecnos, Madrid, 2004, p. 107.

[82] Tomando a sério o risco do directório, v. Araceli Mangas Martín, "Un Tratado no tan simple: el realismo mágico del funcionalismo", in *Revista de Derecho Comunitario Europeo*, 2008, n.º 30, p. 345.

A política de directório, que arreda das decisões fundamentais os restantes Estados-membros e que constitui um perigo real para a defesa dos interesses vitais de Estados-membros como Portugal, é, na verdade, uma versão deturpada e patológica da abordagem intergovernamental. A política de directório não está prevista nos Tratados e qualquer tentativa de a prosseguir constitui, por isso, uma grave violação das regras instituídas. No plano político, as decisões de directório minam o elemento fundamental que, ao longo das décadas de integração europeia, tem mantido unidos os Estados-membros, baseado na igualdade e na confiança política. No texto dos Tratados, encontramos desvios ao princípio estrito da igualdade formal entre os Estados-membros (v.g. composição do Parlamento Europeu; regras de formação da maioria qualificada no seio do Conselho Europeu e do Conselho) que traduzem, contudo, diferenças objectivas e relevantes, como a dimensão territorial ou a população, ademais consentidas por todos os Estados-membros, através do processo de revisão.

77. 3) Um factor objectivo de entrave ao processo de decisão no seio da União Europeia, que aumenta o risco de disfunção do sistema, é o relativo à existência de várias presidências com sobreposição de responsabilidades:

- o Presidente do Conselho Europeu;
- a troika da Presidência do Conselho;
- a Presidência do Conselho pelo Estado-membro que exerce no período do semestre;
- o Alto Representante, presidente do Conselho dos Negócios Estrangeiros;
- o Presidente do Eurogrupo[83].

Cinco presidências, das quais três são permanentes: o Presidente do Conselho Europeu, o Presidente da Comissão e o Alto Representante.

[83] Nos termos do artigo 2.º do *Protocolo relativo ao Eurogrupo*, os ministros dos Estados-membros cuja moeda seja o euro elegem um presidente por dois anos e meio, por maioria desses Estados-membros.

78. 4) Excesso de presidências e, pelo menos, três individualidades a disputar entre si o palco europeu. Neste ponto, o compromisso em torno do equilíbrio de poderes caldeou uma mudança que, pelo esforço de coordenação e de consultas que pressupõe, é susceptível de enfraquecer a desejada capacidade de resposta dos órgãos comunitários de decisão.

O Tratado da União Europeia prevê alguns mecanismos tendentes a fomentar a cooperação entre o Presidente do Conselho Europeu, o Presidente da Comissão e o Conselho dos Assuntos Gerais[84].

Alguns acreditam, porém, que a solução providencial estará no "quem", na pessoa que, em dado momento, ocupa a função[85]. Poderíamos, então, falar da importância de se chamar presidente para moldar a instituição respectiva. Seria, pois, o factor "fulanista" a revelar-se determinante, quer em relação ao peso relativo de cada instituição quer em relação ao ponto de equilíbrio entre o poder dos Estados-membros e o poder da União Europeia.

Sobre este ponto, abstemo-nos de alvitrar sobre a maior ou menor influência do factor personalista na fase de primovigência do Tratado de Lisboa. Verificamos, contudo, que a escolha do primeiro Presidente do Conselho Europeu[86] e do primeiro Alto Representante[87] recaiu sobre personalidades desconhecidas da generalidade dos cidadãos europeus, das quais não se conhece nem ideias nem programas, esvaziadas de qualquer vislumbre de carisma. A sua escolha deixará,

---

[84] O artigo 15.º, n.º 6, al. b), UE, que incumbe o Presidente do Conselho Europeu de assegurar "*a preparação e continuidade dos trabalhos do Conselho Europeu, em cooperação com o Presidente da Comissão e com base nos trabalhos do Conselho dos Assuntos Gerais*". No mesmo sentido, veja-se o artigo 16.º, n.º 6, UE, sobre o dever de coordenação entre, por um lado, o Conselho nas suas diferentes formações e, por outro lado, entre o Conselho, o Presidente do Conselho Europeu e a Comissão.

[85] V., entre outros, Paz A. S. de SANTA MARÍA, "El sistema institucional en el Tratado de Lisboa: entre la continuidad y el cambio", in José Martín y Pérez de Nanclares (coord.), *El Tratado de Lisboa. La salida de la crisis constitucional*, Madrid, 2008, p. 222.

[86] V. Decisão do Conselho Europeu, de 1 de Dezembro de 2009, que elegeu o cidadão belga Herman VAN ROMPUY, com mandato até 31 de Maio de 2012 (in JOUE, n.º L 315, de 2.12.2009, p. 48).

[87] V. Decisão do Conselho Europeu, tomada com o Presidente da Comissão, de 1 de Dezembro de 2009, que nomeou como Alto Representante a cidadã britânica Catherine ASHTON OF UPHOLLAND, pelo período que decorre de 1 de Dezembro de 2009 até ao termo do mandato actual da Comissão (v. JOUE, n.º L 315, de 2.12.2009, p. 49).

decerto, mais tranquilo o Presidente da Comissão, o cidadão português José Manuel Durão Barroso, aliviado por seguir no segundo mandato o modo relativamente invisível de pilotar a nave europeia. Em abono da verdade, se diga: os Europeus não sentirão a diferença, porque há muitos anos se despediram de uma última geração de políticos visíveis, como foram François Mitterand, Helmut Kohl, Mário Soares ou Jacques Delors. Momentos de viragem, como a Queda do Muro de Berlim em 1989, foram aproveitados para vertebrar opções de claro empenhamento europeu. Momentos de viragem, como o colapso do paradigma auto-regulatório do mercado e do sistema financeiro internacional, em 2008, falharam, pelo menos na Europa, o encontro com personalidades genuínas de missão política.

F. *Procedimentos de decisão*

79. No que respeita aos procedimentos de decisão, o Tratado de Lisboa adopta soluções que, de forma equilibrada, traduzem o objectivo programático que foi avançado na Declaração de Laeken: **simplificação, mais democracia, mais transparência e maior eficácia na decisão**.

80. A uma pluralidade de procedimentos normativos sucedem, com o Tratado de Lisboa, duas modalidades de procedimento dito legislativo – o processo legislativo ordinário e o processo legislativo especial (v. artigo 289.º, n.º 1 e 2, TFUE).

O processo legislativo ordinário, esculpido no artigo 294.º TFUE, substitui o procedimento de co-decisão. No essencial, a iniciativa legislativa pertence à Comissão e a competência de aprovação é repartida entre o Parlamento Europeu e o Conselho. A sua decisão de aprovação é exercida conjuntamente (v. artigo 289.º TFUE) e, como já acontecia antes, estão previstos mecanismos institucionais de conciliação entre os dois co-decisores.

No quadro do processo legislativo ordinário, o Conselho delibera por maioria qualificada. Neste ponto, o Tratado de Lisboa dá continuidade a uma evolução iniciada com o Acto Único Europeu, cujo objectivo é a generalização da regra da maioria qualificada. Às 63 bases jurídicas que já previam esta regra deliberativa, juntam-se agora mais 39 domínios de acção comunitária sobre os quais se decide por maioria qualificada. A unanimidade no seio do Conselho torna-se, assim, a excepção, limitada às matérias directamente associadas ao cerne da soberania – para além do acordo de todos os Estados-membros sobre as decisões constituintes ou fundacionais da União (tratados de revisão, artigo 48.º UE; tratados de adesão, artigo 49.º UE), a unanimidade ainda é exigida, nomeadamente, para a definição das sedes (v. artigo 341.º TFUE), do regime linguístico (v. artigo 342.º TFUE; artigo 118.º, parágrafo segundo, TFUE), em matéria de harmonização fiscal (v. artigo 113.º TFUE), recursos próprios da União (v. artigo 311.º, parágrafo terceiro, TFUE), certos domínios da política social [v. artigo 153.º, n.º 2, alínea b), terceiro parágrafo, TFUE], segurança social [v. artigo 48.º, alínea b), segundo parágrafo, TFUE], a maior parte das decisões no domínio da política externa e de segurança comum (v. artigo 22.º UE; artigo 24.º, n.º 1, UE), política comum de defesa (v. artigo 42.º, n.º 4, UE), política fiscal (v. artigo 113.º TFUE), cooperação policial operacional (v. artigo 87.º, n.º 3, TFUE).

O processo legislativo especial designa as modalidades de decisão unilateral do Parlamento Europeu, com participação do Conselho, ou do Conselho, com participação do Parlamento Europeu.

O Parlamento Europeu que, por via do processo legislativo ordinário, é co-decisor de 95% das decisões europeias, apenas em duas situações está autorizado a deliberar autonomamente em processo legislativo especial: **1**) definição por meio de regulamentos do estatuto e condições gerais de exercício das funções pelos seus membros (v. artigo 223.º, n.º 2, TFUE); **2**) definição por meio de regulamentos do estatuto e condições gerais de exercício das funções do Provedor de Justiça Europeu (v. artigo 228.º, n.º 4, TFUE).

Por seu lado, o Conselho pode recorrer ao processo legislativo especial em cerca de uma trintena de bases jurídicas, situação que se compreende à luz da condição originária do Conselho como único decisor e, sobretudo, pela natureza das matérias reguladas a exigir uma decisão de base intergovernamental [v.g. artigo 19.º, n.º 1, TFUE; artigo 25.º, parágrafo segundo, TFUE; artigo 81.º, n.º 3, TFUE; artigo 86.º, n.º 1, TFUE; artigo 89.º TFUE; artigo 153.º, n.ºs, alínea b), parágrafo terceiro, TFUE]. A regra de deliberação no processo legislativo especial é, na generalidade dos casos, a unanimidade, mas pode ser também a maioria qualificada (v.g. artigo 103.º, n.º 1, TFUE, em matéria de regras aplicáveis à concorrência entre empresas).

81. O reforço da natureza democrática do procedimento de decisão da União foi alcançado através de uma maior participação do Parlamento Europeu na qualidade de co-decisor, bem como por via da possibilidade de intervenção dos Parlamentos nacionais com fundamento na eventual violação do princípio da subsidiariedade. Por outro lado, e este é um mecanismo inteiramente novo, o Tratado de Lisboa adere à democracia participativa ao reconhecer um direito de impulsão legislativa ou de pré-iniciativa legislativa. Nos termos definidos pelo artigo 11.º, n.º 4, UE, completado pelo artigo 24.º, parágrafo primeiro, TFUE, um milhão de cidadãos da União, nacionais de um número significativo de Estados-membros, pode assumir a iniciativa de convidar a Comissão a formular uma proposta adequada de acto jurídico para dar aplicação aos Tratados. Como acontece com o Parlamento Europeu (v. artigo 225.º TFUE) e com o Conselho (v. artigo 241.º TFUE), agora também os cidadãos da União, embora o número mínimo de requerentes se possa revelar dissuasivo, podem solicitar à Comissão que exerça a iniciativa legislativa sobre matérias a necessitar de regulação comum. Por analogia com as disposições citadas, a Comissão deverá comunicar aos requerentes as razões de uma eventual decisão de não apresentar uma proposta normativa. Admitimos, por outro lado, que a Comissão possa ser demandada, com fundamento no artigo 265.º TFUE, acusada de violação dos Tratados por omissão.

82. Várias disposições dos Tratados e da Carta dos Direitos Fundamentais da União Europeia proclamam o princípio da transparência – o artigo 11.º, n.º 3, UE, a propósito da obrigação por parte da Comissão de promover consultas junto dos cidadãos e associações representativas; o artigo 16.º, n.º 8, UE, que estabelece o carácter público das reuniões do Conselho em que este delibere e vote sobre projectos de acto legislativo; o artigo 298.º TFUE, que postula uma "*administração europeia aberta, eficaz e independente*" e no mesmo sentido vai o artigo 41.º da Carta, com a consagração do *direito a uma boa administração* que integra, entre outros, o direito de audiência prévia e o direito de acesso aos processos. Mas é o artigo 15.º TFUE, que define, com âmbito transversal, o princípio da abertura nas suas múltiplas implicações procedimentais (sessões públicas do Parlamento Europeu, direito de acesso aos documentos a exercer em conformidade com as regras estabelecidas por cada uma das instituições, órgãos e organismos da União).

83. A eficácia do processo decisional depende da conjugação de vários factores, mas não se pode escamotear o impacto subordinante da regra de deliberação aplicada pelo órgão competente. Quando esse órgão é o Conselho e representa cada um dos Estados-membros, compreende-se que a negociação em torno da forma como delibera não é apenas um problema de eficácia (a melhor decisão é a decisão mais rápida e tecnicamente mais adequada), porque é, sobretudo, um problema político de equilíbrio de forças entre os diferentes Estados-membros (a melhor decisão é a decisão que reflicta a diversidade de interesses e comprometa o maior número possível de Estados). A esta equação de base intergovernamental, acresce o factor demográfico cuja ponderação contribuirá alegadamente para reforçar a natureza democrática do modelo de decisão da União.

O Tratado de Lisboa mantém até 31 de Outubro de 2014 o sistema de apuramento da maioria qualificada no seio do Conselho tal como previsto no Tratado de Nice, com as alterações derivadas das sucessivas adesões, em 2004 e 2007. Até 2014, vigora o sistema de votos ponderados que atribui a cada Estado-membro um determinado número de votos, num total de 345 votos (v. artigo 16.º, n.º 5, UE, e artigo 3.º do *Protocolo relativo às disposições transitórias*)[88]. A maioria qualificada é alcançada com 255 votos que exprimam a votação favorável da maioria dos 27 Estados-membros (14 Estados-membros) ou, em certos casos, de 2/3 dos membros (18 Estados-membros). Este sistema de **dupla maioria**, baseado no peso relativo de cada Estado-membro, é temperado pelo direito que assiste a qualquer um dos membros do Conselho de pedir a verificação do factor populacional (v. artigo 3.º, n.º 3, do *Protocolo relativo às disposições transitórias*). Nesse caso, a deliberação só se considera tomada

[88] Portugal dispõe de 12 votos, no mesmo grupo de Estados de dimensão equivalente (Bélgica, República Checa, Grécia, Hungria).

se a maioria de votos apurados representarem, pelo menos, 62% da população total da União[89].

84. A partir de 1 de Novembro de 2014, a maioria qualificada deve corresponder a, pelo menos, 55% dos membros do Conselho, num mínimo de quinze, devendo estes representar Estados-membros que reúnam, no mínimo, 65% da população da União (v. artigo 16.º, n.º 4, UE). É o sistema da **tripla maioria** que associa percentagem de Estados, número mínimo de Estados e percentagem de população. A minoria de bloqueio deve ser composta por, no mínimo, quatro Estados-membros (v. artigo 16.º, n.º 4, parágrafo segundo, UE). No caso de o Conselho não deliberar sob proposta da Comissão ou do Alto Representante, então, os critérios formativos da maioria qualificada são ainda mais exigentes: 72% dos membros do Conselho que representem, no mínimo, 65% da população da União (v. artigo 238.º, n.º 1, TFUE).

No período entre 1 de Novembro de 2014 e 31 de Março de 2017, admite-se uma aplicação transitória do sistema de Nice, a pedido de qualquer dos membros do Conselho (v. artigo 3.º, n.º 2, do *Protocolo relativo às disposições transitórias*).

Importa, ainda, ter presente o regime derrogatório previsto na Decisão relativa à aplicação do n.º 4 do artigo 16.º UE e do n.º 2 do artigo 238.º TFUE, integrada na Acta Final através da Declaração n.º 7. Invocando a conveniência de uma transição suave e a prática do Conselho de "*envidar os maiores esforços para reforçar a legitimidade democrática dos actos adoptados por maioria qualificada*", o acordo alcançado retoma o espírito do Compromisso de Ioanina[90] ao permitir que um determinado conjunto de Estados-membros que, entre 1 de Novembro de 2014 e 31 de Março de 2017, representem 3/4 da população ou 3/4 do número de membros do Conselho necessários

[89] A população de cada Estado-membro é objecto de decisão do Conselho, válida pelo período de um ano. No conjunto dos 27 Estados-membros, a Alemanha é o país mais populoso, com 82 milhões de habitantes e Portugal ocupa a 10.ª posição com 10,750 milhões de habitantes – v. Decisão do Conselho, de 1 de Dezembro de 2009, que aprova o seu Regulamento Interno, 2009/937/UE, Anexo III, JOUE n.º L 325, de 11.12.2009, p. 35(56).

[90] Cfr. Paolo Ponzano, "Il voto nel Consiglio: il compromesso di Ioanina alla luce del Trattato di Lisbona", in *Il Diritto dell'Unione Europea*, 2009, n.º 1, p. 77 e segs.

para constituir uma minoria de bloqueio (10 Estados membros e não 13) e que a partir de 1 de Abril de 2017, representem 55% da população ou 55% do número de Estados-membros necessários para constituir a minoria de bloqueio (7 Estados-membros e não 13) possa obrigar o Conselho a chegar "*a uma solução satisfatória*" e vincula o seu Presidente a tomar todas as iniciativas "*para facilitar a obtenção de uma base mais ampla de acordo no Conselho*".

85. O que se perde em transparência e linearidade do procedimento de deliberação por maioria qualificada ganha-se no reforço do método comunitário da procura empenhada de soluções negociadas, apoiadas pelo maior número possível de Estados-membros. O mecanismo simplificado de minoria de bloqueio favorece alianças entre Estados-membros que, devido à sua localização geográfica, padrão cultural e nível de desenvolvimento, partilham interesses específicos a reclamar adequada ponderação pela maioria – os Estados-membros do sul da Europa formam um grupo com estas características e espera-se que, com habilidade política, possam beneficiar deste mecanismo.

86. O compromisso alcançado com o Tratado de Lisboa, cuja aplicação acaba diferida para depois de 31 de Março de 2017, poderá esbarrar em dificuldades relacionadas com as novas adesões, em particular, se vier a concretizar-se, a da Turquia. De acordo com as projecções de evolução demográfica, a Turquia atingirá por volta de 2015 o estatuto de país mais populoso da União Europeia. Num tal cenário, admitindo, o que para nós é altamente improvável, a adesão da Turquia no futuro próximo, o modelo de votação acordado no Tratado de Lisboa teria, então, de ser repensado, com o previsível retorno ao sistema de votos ponderados[91]. O diferimento no tempo tem neste caso a vantagem de facilitar os ajustamentos que se considerem necessários para manter equilíbrios que, garantindo a coesão da União Europeia, não devem ser sacrificados em nome do factor demográfico.

[91] Neste sentido, v. Cesáreo G. Espada, "La nueva regla de la mayoría cualificada y sus paliativos temporales", in José Martín y Pérez de Nanclares (coord.), *El Tratado de Lisboa...*, cit., p. 250.

G. *Actos jurídicos da União e separação de funções*

87. A Constituição Europeia propunha uma revisão profunda da nomenclatura dos actos jurídicos da União. Convém reconhecer que a tipologia de actos constante dos Tratados institutivos desde a criação das Comunidades Europeias evidenciava, há muito tempo, sinais de rigidez e de inadequação em face da crescente complexidade da produção normativa do decisor comunitário. A tipificação realizada pelo ex-artigo 249.º TCE, com a identificação de regulamentos, directivas, decisões, recomendações e pareceres, não permitia a definição de critérios objectivos de hierarquia em razão da respectiva função paramétrica e reguladora. Na prática institucional, sobreveio a distinção entre regulamentos de base e regulamentos de execução, entre directivas de base e directivas de execução, instrumentos de uma função normativa primária e instrumentos de uma função normativa secundária, respectivamente. Faltava ainda ajustar o estatuto jurídico da União, na parte das normas sobre normas, à emergente, e necessária, distinção entre, por um lado, a função normativa primária ou, se quisermos, função legislativa e, por outro lado, a função normativa secundária ou função executiva[92].

No texto da Constituição Europeia, os actos jurídicos vinculativos teriam a forma de lei europeia, lei-quadro europeia (sucessora da directiva), regulamento europeu e decisão europeia (v. artigo I-33.º TECE). A consagração expressa de actos chamados leis revelou-se, como explicámos, um exercício desnecessário de imprudência semântica. O Tratado de Lisboa respeita o essencial da opção definida pela Constituição, baseada na destrinça entre actos legislativos e actos não legislativos, com a pequena (grande) diferença de não lhes chamar leis.

88. O artigo 288.º TFUE preserva intacto o rol tradicional dos actos comunitários. O artigo 289.º TFUE, sobre o processo legislativo ordinário, estatui que os actos jurídicos adoptados através deste pro-

---

[92] Sobre estes conceitos e fazendo a sua defesa no quadro da ordem jurídica comunitária, v. Maria Luísa DUARTE, *Direito da União Europeia...*, cit., p. 228 e segs.; com uma análise mais actualizada, v. *Direito Administrativo da União Europeia*, Coimbra Editora, 2008, p. 72-73.

cesso constituem *actos legislativos*. A definição de acto legislativo não é feita em função da matéria, nem do órgão que o aprova; o critério identificativo de um acto legislativo é, afinal, o respectivo processo de aprovação. Prova eloquente da serventia tipificadora deste critério é o facto de o Conselho adoptar actos de aplicação directa dos Tratados que, independentemente do seu conteúdo regulador e da sua relevância subordinante, não são aprovados através de processo legislativo, logo não são legislativos – v. artigo 24.º, n.º 1, parágrafo segundo, UE, sobre "regras e procedimentos específicos" em matéria de política externa e de segurança comum, com exclusão expressa da adopção de actos legislativos; v. também o artigo 352.º TFUE sobre a autorização do Conselho para a assunção de novos poderes de regulação normativa. Em nossa opinião, o critério relativo ao procedimento de decisão aplicável será claro e fácil de aplicar, mas é curto como critério de definição de acto legislativo. Sublinhe-se que este formalismo restritivo da noção de acto legislativo tem implicações práticas, por exemplo no exercício de poderes de controlo do princípio da subsidiariedade pelos Parlamentos nacionais (v. artigos 2.º e 3.º do *Protocolo relativo à aplicação dos princípios da subsidiariedade e da proporcionalidade*).

O artigo 290.º TFUE introduz o conceito neófito de *acto delegado*[93]. Trata-se de um acto não legislativo de alcance geral que completa ou altera certos elementos essenciais do acto legislativo. A sua aprovação compete à Comissão, mediante delegação conferida pelo órgão legislativo (Parlamento Europeu e Conselho, no caso do processo legislativo ordinário, ou cada uma destas instituições em separado, no caso de processo legislativo especial). O acto legislativo de delegação deve definir os objectivos, o conteúdo, o âmbito de aplicação e o período de vigência da delegação de poderes em favor da

[93] Novo, ressalve-se, na terminologia dos Tratados, porquanto o procedimento de comitologia, regulado pela primeira vez em 1987, se baseia no exercício pela Comissão de uma competência delegada pelo Conselho de execução de actos normativos de base – v. Maria Luísa Duarte, *Direito da União Europeia*..., cit., p. 249 e segs.

Com o Tratado de Lisboa, o procedimento de comitologia terá de ser adaptado em conformidade com o artigo 290.º TFUE que limita os poderes dos órgãos delegantes, Parlamento Europeu e/ou Conselho, ao direito de revogar a delegação, o que exclui o poder de alterar as medidas complementares ou de execução constantes do acto delegado.

Comissão. De toda a maneira, os elementos essenciais de cada domínio são reservados ao acto legislativo, não podendo ser objecto de delegação.

89. Uma terceira categoria de actos jurídicos são os *actos de execução* (v. artigo 291.º TFUE). A competência-regra de adopção de actos de execução pertence aos Estados-membros (v. artigo 291.º, n.º 1, TFUE). Numa aplicação do princípio da subsidiariedade, o n.º 2 do artigo 291.º limita a competência de execução da Comissão à adopção de actos "*quando sejam necessárias condições uniformes de execução dos actos juridicamente vinculativos da União*". A Comissão perde assim o seu tradicional estatuto de instância vocacionada para aprovar os actos de execução, porque o exercício comum da função administrativa eurocomunitária passa para o nível nacional. Em casos específicos devidamente justificados, e ainda no âmbito da política externa e de segurança comum, o próprio Conselho pode aprovar actos de execução. Finalmente, e este será o limite mais corrosivo para a autonomia da Comissão como entidade administrativa, o n.º 3 do artigo 291.º TFUE estabelece que, por meio de regulamentos adoptados pelo Parlamento Europeu e pelo Conselho, podem ser definidas "*regras e princípios gerais relativos aos mecanismos de controlo que os Estados-membros podem aplicar ao exercício das competências de execução pela Comissão*". Trata-se de uma reedição do procedimento de comitologia, mas onde o ex-artigo 202.º, terceiro travessão, TCE, definia uma faculdade, o artigo 291.º, n.º 3, TFUE, enuncia uma obrigação e explicita que o objectivo de sujeitar a regras e princípios gerais o exercício da competência de execução pela Comissão é o de garantir o controlo por parte dos Estados-membros.

Em suma, apesar da distinção operada pelo artigo 290.º TFUE e pelo artigo 291.º TFUE entre *actos delegados* e *actos de execução*, a sua aplicação prática depende dos procedimentos de comitologia, devidamente adaptados. O artigo 290.º TFUE tem a vantagem de enunciar o direito de participação do Parlamento Europeu, enquanto co-autor do acto legislativo, no procedimento de delegação, embora uma tal participação nos suscite reservas do ponto de vista funcional. Como órgão parlamentar, não deveria o Parlamento Europeu interferir no exercício da função executiva, ainda que sob a forma algo difusa de *acto delegado*. Uma das questões que se coloca é, justamente, a linha divisória entre actos delegados e actos de execução, cuja distinção tem notáveis implicações práticas em relação ao exercício de poderes pelo Parlamento Europeu, pela Comissão e pelos Estados-membros.

90. A terminologia dos actos adoptada pelo Tratado de Lisboa é fonte de dúvida, porque não é uniforme e dá azo a problemas de sobreposição. Enquanto o artigo 288.º TFUE mantém a terminologia tradicional, chamando regulamentos, directivas e decisões aos actos juridicamente vinculativos, já o artigo 289.º TFUE e o artigo 291.º TFUE falam em actos legislativos, actos delegados e actos de execução. No caso de actos jurídicos adoptados por processo legislativo, não os apelidam, é certo, de actos legislativos; o artigo 289.º, n.º 3, estabelece que "*constituem actos legislativos*", presumindo-se que o acto continuará a manter o título de regulamento ou directiva. Ao invés, para os actos delegados e para os actos de execução, o artigo 290.º, n.º 3, TFUE, e o artigo 291.º, n.º 4, TFUE, são claros ao exigir esta indicação no título do acto.

Por outro lado, complicando ainda mais, encontramos, por exemplo no artigo 263.º, parágrafo quarto, TFUE, a expressão actos regulamentares, aparentemente sinónimo de acto normativo de execução. Fica a dúvida sobre se o acto regulamentar pode ter a forma de acto delegado ou apenas de *acto de execução*, questão cuja resposta é decisiva em sede de definição do estatuto dos particulares como titulares do direito de impugnação da legalidade de actos normativos (v. artigo 263.º, parágrafo quarto, TFUE).

IV. O Tratado de Lisboa e a passagem para o futuro: a importância da dinâmica eurocomunitária

91. Coexistem no texto do Tratado de Lisboa normas de aplicação directa, ainda que de vigência diferida ou dependente da aprovação de normas de execução, e normas de aplicação eventual ou sob condição. Neste segundo grupo, estão disposições instituidoras de mecanismos, uns herdados de Tratados anteriores outros inovadores, que tornam possível, sem revisão formal e solene, aprofundamentos substanciais do nível de integração jurídica entre os Estados-membros. Estes avanços respeitam tanto aos procedimentos de votação como ao âmbito de matérias abrangidas pela acção e políticas da União. Destacamos neste conjunto de *cláusulas para o futuro* os seguintes mecanismos: a) cooperações reforçadas; b) cooperação estruturada permanente; c) cláusulas-passarela; d) procedimento simplificado de revisão.

A. *Cooperações reforçadas*

92. O Tratado de Amesterdão consagrou o recurso à cooperação reforçada entre um grupo restrito de Estados-membros nos domínios do pilar comunitário e do terceiro pilar (cooperação judiciária e policial em matéria penal). O Tratado de Nice alargou a possibilidade de cooperação reforçada à política externa e de segurança comum (segundo pilar), com excepção das matérias com implicações militares e do âmbito da defesa. O Tratado de Lisboa dá corpo a uma evolução no sentido de uma maior flexibilidade na instituição da cooperação reforçada, alargada potencialmente a todas as áreas de actuação da União, ressalvando apenas as matérias de competência exclusiva (v. artigo 20.º, n.º 1, UE).

93. As cooperações reforçadas visam promover a realização dos objectivos da integração, permitindo aos Estados-membros ritmos diferentes de actuação jurídica e política na aplicação das medidas necessárias (integração diferenciada). Trata-se, contudo, de uma solução de último recurso que só deve ser accionada e autorizada se for demonstrado que "*os objectivos da cooperação em causa não podem ser atingidos num prazo razoável pela União no seu conjunto e desde que, pelo menos, nove Estados-membros participem na cooperação*" (v. artigo 20.º, n.º 2, UE).

As cooperações reforçadas estão abertas, no momento da sua instituição e depois disso, a qualquer Estado-membro, desde que o candidato respeite as eventuais condições de participação fixadas pela decisão de autorização (v. artigo 328.º, n.º 1, TFUE e artigo 331.º, n.º 1, parágrafos segundo e terceiro, TFUE).

Constituindo modalidades de integração mais ambiciosa por comparação com o nível atingido pelo Direito da União, as cooperações reforçadas não podem violar os Tratados, nem o direito derivado (v. artigo 326.º, parágrafo primeiro, TFUE); como não podem pôr em causa o mercado interno, nem envolver restrições ou distorções ao princípio da não discriminação e da livre concorrência nas relações entre *todos* os Estados-membros (v. artigo 326.º, parágrafo segundo, TFUE). Note-se que o direito aplicável ao funcionamento de uma cooperação reforçada também é Direito da União Europeia, sujeito, pois, a um princípio elementar de não contradição. Em suma, a cooperação reforçada deve funcionar como vanguarda, exemplo de uma dianteira que pode ser recuperada pela generalidade dos Estados-membros. Não pode a cooperação reforçada, a pretexto de exigências próprias de efectividade, constituir um elemento de diluição das solidariedades de facto já geradas entre as economias, tão-pouco deve afectar o grau de integração entre os sistemas jurídicos de todos os Estados-membros. Trata-se, bem entendido, de um caderno de encargos com um elevado potencial de conflitualidade e contradições.

94. Para evitar o efeito perverso de cooperações reforçadas inoportunas do ponto de vista político ou contrárias ao Direito da União, os Tratados regulam, com acentuado detalhe, o procedimento de autorização e de acompanhamento. O objectivo é o de contrabalançar uma iniciativa de tipo intergovernamental com um controlo de tipo comunitário. Assim se acautela a natureza comunitária da cooperação reforçada, com um enquadramento institucional e decisório que é, de modo claro, proporcionado pela União.

A autorização para iniciar a cooperação reforçada é concedida pelo Conselho, por maioria qualificada, mediante proposta da Comissão e após aprovação pelo Parlamento Europeu (v. artigo 329.º, n.º 1, parágrafo segundo, TFUE). No caso de cooperação reforçada no âmbito da política externa e de segurança comum, o Conselho delibera por unanimidade, após parecer do Alto Representante e da Comissão e informação ao Parlamento Europeu (v. artigo 329.º, n.º 2, TFUE).

Sobre a Comissão e sobre o Alto Representante, neste caso para as cooperações reforçadas no domínio da política externa e de segurança comum, recaem obrigações específicas de acompanhamento e controlo, bem como de reportar ao Parlamento Europeu (v. artigo 328.º, n.º 2, TFUE e artigo 334.º TFUE).

95. Uma definição mais precisa das regras aplicáveis às cooperações reforçadas, alargadas a todas as matérias de competência partilhada, poderá, eventualmente, abrir a porta pela primeira vez a esta formalização de níveis diferentes de integração. O processo de construção da União Europeia tem, contudo, recorrido a modalidades similares de integração diferenciada, à margem dos Tratados (v.g. a partir de 1985, acordos de Schengen sobre a supressão de controlos nas fronteiras) ou dentro dos Tratados (v.g. a União Económica e Monetária, já que a adesão ao euro depende de critérios rigorosos de sanidade financeira e apenas 16 dos 27 Estados-membros integram a Zona Euro; ou a Carta dos Direitos Fundamentais da União Europeia que só vincula 24 dos 27 Estados-membros).

B. *Cooperação estruturada permanente*

96. A definição gradual de uma política de defesa comum da União como parte integrante da política comum de segurança e defesa já estava prevista no Tratado de Nice que acrescentava: "*a política de defesa comum (...) poderá conduzir a uma defesa comum*" (v. ex-artigo 17.º, n.º 1, TUE). O Tratado de Lisboa confere a esta fórmula um grau mais elevado de assertividade ao declarar que: "*A política comum de segurança e defesa* ***conduzirá*** *a uma defesa comum logo que o Conselho Europeu, deliberando por unanimidade, assim o decida*" (v. artigo 42.º, n.º 2, UE) (ênfase acrescentada). A deliberação só produz efeitos após aprovação interna por todos os Estados-membros, em conformidade com as respectivas normas constitucionais (v. artigo 42.º, n.º 2, *in fine*, UE).

Uma política comum de segurança e defesa deverá dotar a União da adequada capacidade operacional, apoiada em meios civis e militares. Os Estados-membros dispõem de uma capacidade militar muito diferenciada e, em particular, alguns deles seguem, por imposição constitucional ou opção política, um regime de neutralidade nas relações internacionais. O artigo 42.º, n.º 2, parágrafo segundo, UE, acautela, justamente, a situação de certo modo antagónica entre os Estados-membros fiéis à neutralidade[94] e os Estados-membros plenamente integrados na Organização do Tratado do Atlântico Norte (NATO):

> "*A política da União, na acepção da presente secção, não afecta o carácter específico da política de segurança e defesa de determinados Estados-membros, respeita as obrigações decorrentes do Tratado do Atlântico Norte para certos Estados-membros que vêem a sua política de defesa comum realizada no quadro da Organização do Tratado do Atlântico Norte (NATO)*".

97. A chamada *cooperação estruturada permanente* visa desfazer o nó górdio resultante da oposição entre os Estados-membros que desejam uma política europeia de defesa com capacidade militar própria e os que toleram a política europeia de defesa desde que não lhes seja solicitado envolvimento militar. O artigo 42.º, n.º 6, UE, reconhece, assim, aos Estados-membros, "*cujas capacidades militares preencham critérios mais elevados e que tenham assumido compromissos mais vinculativos na matéria tendo em vista a realização de missões mais exigentes*", que possam estabelecer uma cooperação estruturada permanente no âmbito da União.

O artigo 46.º UE define os procedimentos da decisão relativa à instituição da cooperação estruturada permanente e à autorização concedida aos Estados-membros para nela participar. A responsabilidade institucional das decisões é atribuída apenas ao Conselho, assistido pelo Alto Representante. O *Protocolo relativo à cooperação estruturada permanente* clarifica o âmbito e a natureza das obrigações assumidas pelos Estados-membros participantes, respeitantes, no essencial, ao desenvolvimento de capacidades operacionais e à disponibilização de efectivos militares, incluindo unidades de combate especificamente treinadas para as missões previstas no artigo 43.º UE (conhecidas por "*missões de Petersberg*"), e configuradas como um agrupamento táctico ("*forças de reacção rápida*).

98. Um ponto de particular importância é a ligação que se estabelece entre a cooperação estruturada permanente e a capacidade de

[94] É o caso da Irlanda, mas também da Dinamarca, da Áustria, da Suécia, da Finlândia, de Chipre e de Malta.

resposta da União Europeia aos pedidos que lhe sejam dirigidos pelas Nações Unidas ao abrigo dos capítulos VI e VII da Carta. Dotada de uma "*reserva única de forças*", embrião de um possível e futuro exército europeu, a União propõe-se desempenhar um papel activo no funcionamento do sistema internacional de segurança colectiva, de apoio activo à incumbente, conquanto desarmada, Organização das Nações Unidas.

C. *Cláusulas-passarela*[95]

99. Não são uma novidade no estatuto jurídico da União[96], mas o Tratado de Lisboa amplifica o recurso às cláusulas de passarela. Falamos de disposições que permitem, dependendo dos casos, ao Conselho Europeu ou ao Conselho decidir, por unanimidade, a transformação do processo legislativo especial em processo legislativo ordinário ou passar do voto por unanimidade no seio do Conselho ao voto por maioria qualificada.

O artigo 48.º, n.º 7, UE, dedicado à revisão dos Tratados, consagra uma cláusula-passarela de âmbito geral. Permite ao Conselho Europeu, por deliberação unânime, após aprovação do Parlamento Europeu, que se pronuncia por maioria dos membros que o compõem, e se não houver oposição da parte de um Parlamento nacional, que autorize o Conselho a: **1**) decidir por maioria qualificada nos domínios em que decidia por unanimidade; **2**) aplicar o processo legislativo ordinário em substituição do processo legislativo especial.

Esta revisão de passarela, aplicável ao Tratado sobre o Funcionamento da União Europeia e ao Título V do Tratado da União Europeia (política externa e de segurança comum) não se aplica às decisões que tenham implicações no domínio militar ou da defesa.

---

[95] A expressão comummente usada é a de *cláusulas-passerelle*. Não cultivamos um versão xenófoba da língua, mas quando o estrangeirismo tem, como é o caso, o seu exacto correspondente na língua portuguesa deixa de ser útil para, ao invés, destoar. Passarela, como no francês passerelle, designa uma ponte, geralmente estreita e eventualmente provisória (v. *Dicionário da Língua Portuguesa Contemporânea*, Academia das Ciências de Lisboa, Ed. Verbo, 2001, vol. II, p. 2772).

[96] Veja-se, a título de exemplo, o ex-artigo 22.º, parágrafo segundo, TCE, no domínio dos direitos de cidadania.

Por outro lado, o artigo 353.º TFUE protege várias disposições fundamentais da alteração através da cláusula-passarela que são: **1**) o artigo 311.º TFUE, em matéria de recursos próprios da União; **2**) o artigo 312.º, n.º 2, TFUE, sobre a decisão em matéria de quadro financeiro plurianual; **3**) o artigo 352.º TFUE, que fixa o procedimento de assunção de novos poderes; **4**) artigo 354.º TFUE, relativo ao procedimento de sanções políticas aplicadas a um Estado-membro.

100. Para além da cláusula-passarela geral, os Tratados prevêem cláusulas-passarela específicas em número elevado e nos domínios mais diversos. A questão que se coloca não é a da profusão destas cláusulas, mas sim a da articulação entre estas disposições específicas e a disposição geral do artigo 48.º, n.º 7, UE. Parece-nos que a existência da cláusula-passarela geral do artigo 48.º, n.º 7, UE, com o âmbito alargado que tem, prejudica a função habilitadora das cláusulas avulsas. Note-se que o problema tem relevante interesse prático. Vejamos um exemplo: o artigo 31.º, n.º 3, UE, no domínio da política externa e de segurança comum, autoriza o Conselho a adoptar, por unanimidade, uma deliberação que permita ao Conselho passar a decidir por maioria qualificada, nos casos em que ainda não o podia fazer. Se esta decisão de passarela fosse adoptada ao abrigo da cláusula geral do artigo 48.º, n.º 7, UE, o procedimento envolveria o Parlamento Europeu, que teria de aprovar, e os Parlamentos nacionais, que poderiam impedir a decisão do Conselho Europeu.

Uma interpretação possível é a de confinar a aplicação do artigo 48.º, n.º 7, UE, com o seu procedimento mais exigente, aos casos não abrangidos por cláusulas-passarela específicas. Tendo em conta a presença destas habilitações específicas em domínios de decisão importantes[97], bem como as limitações constantes do artigo 48.º, n.º 7, parágrafo primeiro, *in fine*, UE e do artigo 353.º TFUE, fica a perplexidade ao perceber que a cláusula-passarela que mais garantias dá ao controlo democrático tem a sua aplicação limitada às matérias menos relevantes.

---

[97] Citam-se alguns exemplos – artigo 31.º, n.º 3, UE (política externa e de segurança comum); artigo 81.º, n.º 3, parágrafo segundo, TFUE (direito da família); artigo 153.º, n.º 2, alínea b), parágrafo quarto, TFUE (protecção dos trabalhadores); artigo 312.º, n.º 2, parágrafo segundo, TFUE (quadro financeiro plurianual).

D. ***Procedimento simplificado de revisão***

101. Em relação às disposições da Parte III do Tratado sobre o Funcionamento da União Europeia que regulam as políticas e acções internas da União (v. artigos 26.º a 197.º TFUE), o artigo 48.º, n.º 6, UE, permite uma revisão simplificada. Comparando este procedimento com o processo de revisão ordinário, constante do artigo 48.º, n.os 2, 3 e 4, UE, conclui-se que a diferença fundamental reside na dispensa de convocação de uma Conferência Intergovernamental. Apesar de simplificado, o procedimento requer a aprovação do projecto de revisão pelo Conselho Europeu, por unanimidade. Como acontece com a revisão solene, as alterações só entram em vigor após a sua aprovação por todos os Estados-membros, em conformidade com as respectivas normas constitucionais. Através do procedimento simplificado não podem contudo, ser aprovadas alterações que envolvam um aumento das competências atribuídas à União pelos Tratados (v. artigo 48.º, n.º 6, parágrafo terceiro, UE). Esta é uma restrição que nos merece duas breves observações.

Em primeiro lugar, não será fácil, alterando regras relativas à actuação da União nos domínios materiais integrados na Parte II, impedir um efeito de extensão das competências. Qual o critério relevante para determinar se há ou não alargamento? E qual a consequência se, pese embora a proibição, a revisão aprovada envolver um efeito de aumento das competências? No plano político, os Parlamentos nacionais deveriam recusar a aprovação. Se o não fizerem e a decisão do Conselho, que não tem a forma de tratado, entrar em vigor, entendemos que é defensável o controlo de conformidade com os limites do artigo 48.º, n.º 6, UE, a exercer pelo Tribunal de Justiça nos termos definidos pelo artigo 263.º, n.º 1, TFUE, podendo culminar na declaração de nulidade da decisão de revisão do Conselho Europeu (v. artigo 264.º, parágrafo primeiro, TFUE). A solução preferível, mas que não está prevista, seria a do controlo preventivo, a regular em termos semelhantes ao do artigo 218.º, n.º 11, TFUE, aplicável aos projectos de acordo internacional.

Em segundo lugar, é difícil estabelecer a relação de compatibilidade lógica entre, por um lado, o artigo 48.º, n.º 6, UE, que, requerendo aprovação através dos órgãos internos competentes, não permite o alargamento dos poderes da União e, por outro lado, o artigo 352.º

TFUE que, mediante decisão unânime do Conselho e aprovação do Parlamento Europeu, permite a assunção de novos poderes pela União, desde que justificada como necessária para atingir os objectivos enunciados pelos Tratados.

* *
*

102. A aprovação de tratados de revisão, como se verificou com o Tratado de Lisboa, traduz um exercício de modelação intergovernamental da União Europeia. Enquanto titulares originários das competências e partes contratantes nos Tratados, os Estados-membros ocupam o espaço de decisão estruturante sobre a União Europeia.

Depois da sua entrada em vigor, e quanto mais prolongada for a sua vigência, os Tratados, importa reconhecê-lo, adquirem uma espécie de vida própria, uma dinâmica de aplicação potenciada pela legitimidade comunitária. O grau de aprofundamento do processo de integração europeia que se conseguiu no passado a partir desta emancipação dos Tratados, ficou a dever-se, em larga medida, ao activismo judicial do Tribunal de Justiça. Com o Tratado de Lisboa, a dinâmica da integração pode e deve ser impulsionada pela vontade política dos Estados-membros, através dos diferentes mecanismos que facilitam a sua manifestação. Em função da aplicação recorrente que vier a ser feita destas cláusulas de flexibilidade, podemos antecipar uma vigência duradoura para o estatuto jurídico da União, cuja adequação às exigências futuras da acção coerente da União dependerá mais do decisor político e menos do decisor jurisdicional. A legitimidade política, de fonte intergovernamental e de fonte comunitária, manifesta-se por via dos referidos procedimentos institucionais que dão à União os impulsos de que necessita, mormente sob a forma de novos instrumentos jurídicos. Com o espaço de decisão política preenchido e fortalecido, cabe ao Tribunal de Justiça interpretar e aplicar o Direito da União que vigora, renunciando, por isso, a tentações passadas de criacionismo normativo.

Bibliografia específica sobre o Tratado de Lisboa

AA.VV. – *O Tratado de Lisboa*, Revista de Estudos Europeus, 2008, n.º 4.

AA.VV. – "Portugal e o Tratado que estabelece uma Constituição para a Europa", in *O Direito*, ano 137.º, 2005, IV-V.

Bastos, Fernando Loureiro – "Perante uma «Constituição» será que ainda é possível continuar a falar em «tratado»? Algumas considerações jusinternacionalistas sobre o Tratado que estabelece uma Constituição para a Europa", in *O Direito*, ano 137.º, 2005, IV-V, p. 699.

Craig, Paul – "The Lisbon Treaty: process, architecture and substance", in *European Law Review*, 2008, vol. 33, p. 137.

Cunha, Paulo de Pitta e – *O Tratado de Lisboa. Génese, conteúdo e efeitos*, Lisboa, 2008.
– *Tratado de Lisboa*, IE, Lisboa, 2008.

Demesmay, Claire, e outros – *Le Traité de Lisbonne en discussion: quels fondements pour l'Europe?*, Paris, IFRI, 2009.

Dougan, M. – "The Treaty of Lisbon 2007: winning minds, net hearts", in *Common Market Law Review*, 2008, vol. 48, n.º 3, p. 609.

Duarte, Maria Luísa – "Constituição Europeia", in *Annualia Verbo 2005-2006*, p. 33 (republicado in *Estudos de Direito da União e das Comunidades Europeias*, Coimbra Editora, II, 2006, p. 393).
– "A Constituição Europeia e os direitos de soberania dos Estados-membros – elementos de um aparente paradoxo", in *O Direito*, ano 137.º, 2005, IV-V, p. 837 (republicado in *Estudos de Direito da União e das Comunidades Europeias*, Coimbra Editora, II, 2006, p. 405).

Duarte, Maria Luísa / Lopes, Carlos Alberto – *Tratado de Lisboa*, 2.ª ed., Lisboa, AAFDL, 2010.

Gomes, Carla Amado – "O Tratado de Lisboa. Ser ou não ... reformador (eis a questão)", in *Revista do Ministério Público*, 2008, ano 29, n.º 114, p. 7.
– *A natureza constitucional do Tratado da União Europeia*, Lisboa, Lex, 1997.

Häberle, Peter – "El Tratado de Reforma de Lisboa de 2007", in *Revista de Derecho Constitucional Europeo*, 2008, n.º 9, p. 14.

Luzárraga, Francisco Aldecoa, e outro – *La Europa que viene. El Tratado de Lisboa*, Marcial Pons, Madrid, 2010.

Maduro, Miguel – *A Constituição Plural. Constitucionalismo e União Europeia*, Cascais, Principia, 2006.

Martín, Araceli Mangas – "Un Tratado no tan simple: el realismo mágico del funcionalismo", in *Revista de Derecho Comunitario Europeo*, 2008, n.º 30, p. 335.

Martins, Ana Maria G. – *O projecto de Constituição Europeia. Contribuição para o debate sobre o futuro da União*, Coimbra, Almedina, 2004.

Mesquita, Maria José Rangel – "Sobre o mandato da conferência intergovernamental definido pelo Conselho Europeu de Bruxelas: é o Tratado de Lisboa um novo Tratado?", in *Estudos em honra do Professor Oliveira Ascensão*, 2008, vol. I, p. 551.

Miranda, Jorge – "Sobre o Tratado que institui uma Constituição para a Europa", in *Estudos em homenagem ao Professor António de Sousa Franco*, Coimbra Editora, 2006, vol. II, p. 461.

MOURA RAMOS, Rui M. – "Constituição Europeia e Constituição da República Portuguesa", in *Revista de Legislação e Jurisprudência,* ano 137.º, n.º 3949, 2008, p. 239.
– *Tratado da União Europeia e Tratado sobre o Funcionamento da União Europeia de acordo com o Tratado de Lisboa*, 4.ª ed., Coimbra Editora, 2009 (prefácio à 4.ª edição).

OBERDORFF, Henri – "Le Traité de Lisbonne: une sortie de crise pour l'Union européenne ou plus ?", in *Revue de Droit Public*, 2008, n.º 3, p. 774.

PÉREZ DE NANCLARES, J. M. (coord.) – *El Tratado de Lisboa. La salida de la crisis constitucional*, Madrid, Iustel, 2008.

PIÇARRA, Nuno – "O espaço de liberdade, segurança e justiça no Tratado que estabelece uma Constituição para a Europa: unificação e aprofundamento", in *O Direito*, ano 137.º, 2005, IV-V, p. 967.

PORTILLA, Francisco J. Matia (coord.) – *Estudios sobre el Tratado de Lisboa*, Granada, Comares, 2009.

QUADROS, Fausto de – "Constituição Europeia e Constituições nacionais – subsídios para a metodologia do debate em torno do Tratado Constitucional Europeu", in *O Direito*, ano 137.º, 2005, IV-V, p. 687.

ROQUE, Miguel Prata – *O Ministro dos Negócios Estrangeiros da União na Constituição Europeia. A caminho de uma política externa europeia?*, Coimbra, Almedina, 2005.

SILVEIRA, Alessandra, e outros – "Reflexão sobre o «Tratado de Lisboa»", in *Scientia Iuridica*, 2008, Tomo LVII, n.º 313, p. 116.
– *Tratado de Lisboa* (versão consolidada), Lisboa, Quid Iuris, 2008.

SOARES, António Goucha – "O Tratado Reformador da União Europeia", in *Relações Internacionais*, 2008, vol. 17, p. 23.

TELES, Miguel Galvão – "Tratado de estabelece uma Constituição para a Europa", in *O Direito*, ano 137.º, 2005, IV-V, p. 887.

ZILLER, Jacques – *Il nuovo Trattato europeo*, Il Mulino, Bolonha, 2007.

A UNIÃO EUROPEIA E O SISTEMA EUROPEU DE PROTECÇÃO DOS DIREITOS FUNDAMENTAIS – A CHANCELA DO TRATADO DE LISBOA*

Sumário: **I.** Nota explicativa. **II.** As disposições do Tratado de Lisboa sobre direitos fundamentais. **A.** Declaração de direitos. **B.** Mecanismos de garantia. **III.** Protecção dos direitos fundamentais e privilégios de exclusão consentida: a via perigosa dos direitos a duas velocidades. **IV.** O Tratado de Lisboa e o sistema europeu de protecção dos direitos fundamentais: a chancela de uma *reafirmação*.

I. Nota explicativa

1. Quase dois anos após a sua assinatura solene no Mosteiro dos Jerónimos, o Tratado de Lisboa logrou a (esperada, mas até ao último momento incerta) entrada em vigor[1]. Desde a criação da União Europeia pelo Tratado de Maastricht, depois adubada no seu lento crescimento pelos Tratados de Amesterdão e de Nice, é no Tratado de Lisboa que encontramos o conjunto mais ambicioso de alterações especificamente pensadas para dar resposta às exigências de garantia dos direitos fundamentais na *União de Direito*[2]. São estas alterações que vamos, de seguida, apresentar sob forma sumária.

---

* Elaborado para *Revista O Direito*, número dedicado ao Tratado de Lisboa (no prelo), sofreu na versão ora publicada algumas alterações.

[1] Quando se pensava que, após a realização do referendo na Irlanda, em 2 de Outubro de 2009, com uma maioria expressiva a favor do sim, estaria afastado o último obstáculo à vigência do Tratado, surgiu a República Checa com a ameaça de recusa de ratificação. O risco sério de impasse só foi superado, recorde-se, no Conselho Europeu de 30 de Outubro de 2009, ou seja, apenas um mês antes da entrada em vigor, a 1 de Dezembro de 2009.

[2] Sobre a origem e significado da expressão no Direito da União Europeia, v. Maria Luísa DUARTE, *União Europeia e Direitos Fundamentais – no espaço da internormatividade*, Lisboa, AAFDL, 2006, p. 65.

2. Antes, porém, importa esclarecer que tais alterações, todas elas subordinadas pelo objectivo de proporcionar um nível elevado de protecção dos direitos fundamentais, têm uma relação diferente com o passado do processo de construção europeia ou mesmo com o percurso de outras experiências de realização dos ideais europeus. Assim, como veremos, o Tratado de Lisboa acolhe soluções que não são novas e se limitam a retomar a experiência comunitária, outras soluções são inovadoras e outras ainda foram tomadas de empréstimo. A dúvida que se coloca é a de saber se e como será possível assegurar a harmonia e a efectividade de funcionamento de um modelo eclético e diferenciado como este. Antes mesmo da entrada em vigor do Tratado de Lisboa, as decisões de exclusão do Reino Unido, da Polónia e, por fim, da República Checa anunciam que, neste domínio, as dificuldades políticas serão um obstáculo real à concretização dos direitos.

II. **As disposições do Tratado de Lisboa sobre direitos fundamentais**

3. Qualquer modelo de protecção de direitos fundamentais, que pretenda ser efectivo e não meramente retórico, depende da adequada articulação entre as normas declarativas dos direitos e as normas instituidoras de mecanismos de garantia. O Tratado de Lisboa revela cuidado com a relação entre proclamação e meios de tutela, mas, como veremos, fica ainda aquém do nível pressuposto por padrões de garantia no Estado de Direito.

Alguns autores, decerto inconformados com o abandono da Constituição Europeia, entendem que, em virtude deste exercício forçado de "desconstitucionalização", o estatuto jurídico da União resultante do Tratado de Lisboa dará menos garantias em matéria de direitos fundamentais ou que, pelo menos, enfraquece o seu significado na União Europeia. Esta análise carrega a marca indelével do "dogma constitucional" que tem, em nossa opinião, contribuído para alimentar despropositados equívocos em torno do que deve ser o aparato jurídico da União Europeia enquanto *União de Direito.*

A Declaração dos Direitos do Homem e do Cidadão de 1789 proclamava no seu artigo 16.º: "*Qualquer sociedade em que não esteja assegurada a garantia dos direitos, nem estabelecida a sepa-*

ração de poderes não tem Constituição". Trata-se de uma noção clássica de Constituição em sentido material. Não é, contudo, legítimo do ponto de vista jurídico concluir com a afirmação inversa de recorte silogístico que só existirá protecção de direitos onde existir Constituição. A demonstração não requer um particular esforço argumentativo. Basta conhecer o sistema internacional de protecção dos direitos do homem, de base essencialmente proclamatória (v.g. Declaração Universal dos Direitos do Homem, Pacto Internacional sobre os Direitos Económicos, Sociais e Culturais, Pacto Internacional sobre os Direitos Civis e Políticos), bem como o sistema europeu instaurado pela Convenção Europeia dos Direitos do Homem (CEDH), que conjuga declaração e garantia judicial de direitos. Na verdade, a experiência internacional permite concluir, sobretudo a partir do cotejo entre o modelo internacionalista clássico que funciona no quadro das Nações Unidas e o modelo europeu instituído pela CEDH, que o aspecto decisivo que condiciona a efectividade garantística de uma qualquer sistema de protecção dos direitos não é a existência de uma constituição, nem sequer de um catálogo de direitos, como se depreende do sistema comunitário que até ao Tratado de Lisboa sobreviveu na base de uma "fundamentalidade" não positivada. O aspecto decisivo reside sim na existência de um tribunal, dotado de jurisdição obrigatória e que possa ser accionado por iniciativa directa dos titulares dos direitos alegadamente violados, como acontece, no sistema europeu, com o Tribunal Europeu dos Direitos do Homem, e no sistema eurocomunitário, com o Tribunal de Justiça da União Europeia.

A. *Declaração de direitos*

4. Com a Carta dos Direitos Fundamentais da União Europeia, pela primeira vez, após sucessivas e mal sucedidas tentativas[3], a União dispõe de um texto proclamatório de direitos, de vocação geral.

[3] Sobre as vicissitudes do processo de positivação de direitos fundamentais no quadro das Comunidades Europeias, desde as primeiras iniciativas nos anos setenta até à elaboração da Carta, v. Maria Luísa Duarte, *União Europeia e Direitos Fundamentais...*, cit., p. 34 e segs.

Não integra o articulado dos Tratados, como acontecia com a chamada Constituição Europeia (v. Parte II), mas a Carta "*tem o mesmo valor jurídico que os Tratados*", conforme o disposto no artigo 6.º, n.º 1, do Tratado da União Europeia (UE)[4].

5. Elaborado pela Convenção de 2000, o texto da Carta foi redigido na "*língua dos direitos*"[5] para, apesar das incertezas quanto ao valor jurídico das suas disposições, se aplicar no futuro como um verdadeiro instrumento normativo de reconhecimento de direitos[6].

A Carta compreende cinquenta e quatro artigos, repartidos por sete capítulos encimados pelas seguintes epígrafes: *Dignidade, Liberdade, Igualdade, Solidariedade, Cidadania, Justiça e Disposições Gerais*. Avulta, por um lado, a preocupação de abranger um número relativamente alargado de direitos e de categorias de direitos. O rol de direitos, que vai do artigo 1.º ao artigo 50.º, esgota praticamente o elenco de direitos civis (v.g. artigo 2.º), direitos políticos (v.g. artigo 39.º), direitos económicos (v.g. artigo 16.º) e direitos sociais (v.g. artigo 31.º) comummente vertido em instrumentos internacionais. Por outro lado, as disposições finais da Carta foram, em certa medida, ditadas pela preocupação em conter os efeitos de uma tal extensão do âmbito de protecção da Carta. As disposições finais acolhem princípios gerais e critérios aplicativos que visam impedir um alargamento das competências da União (v. artigo 51.º, n.º 2), que limitam a vinculação dos Estados-membros pelos direitos da Carta à situação em que "*aplicam o direito da União*" (v. artigo 51.º, n.º 1) e que, aspecto de sumo relevo, salvaguardam o nível mais elevado de protecção dos direitos, ainda que tal signifique a prevalência sobre a Carta de disposições garantidoras do Direito Internacional dos Direitos do Homem ou das Constituições dos Estados-membros (v. artigo 53.º)[7].

---

[4] V. Maria Luísa DUARTE / Carlos Alberto LOPES, *Tratado de Lisboa. Versão consolidada*, Lisboa, AAFDL, 2008.

[5] A expressão é de Eduardo García de ENTERRÍA, in *La lengua de los derechos. La formación del Derecho Publico Europeo tras la Revolución Francesa*, 2.ª ed., Madrid, Civitas, 2001.

[6] Sobre a génese da Carta, v. Maria Luísa DUARTE, "A Carta dos Direitos Fundamentais da União Europeia. Natureza e meios de tutela", in *Estudos de Direito da União e das Comunidades Europeias*, Coimbra Editora, II, 2006, p. 258 e segs.

[7] Com uma análise pormenorizada da Carta, v. Laurence BURGORGUE-LARSEN, e outros, *Traité établissant une Constitution pour l'Europe. Partie II. La Charte des droits fondamentaux*

6. A Carta incorpora as chamadas "*Anotações*", primeiro redigidas pela Convenção de 2000 que elaborou a Carta, depois completadas pela Chamada Convenção Europeia de 2003 que preparou o texto da Constituição Europeia[8]. O preâmbulo remete expressamente para as Anotações, o mesmo se verificando com o artigo 6.º, n.º 1, parágrafo terceiro, UE:

> "*Os direitos, as liberdades e os princípios consagrados na Carta devem ser interpretados de acordo com as disposições gerais constantes do Titulo VIII da Carta que regem a sua interpretação e aplicação* ***e tendo na devida conta as anotações a que a Carta faz referência, que indicam as fontes dessas disposições***" (ênfase acrescentada).

As *Anotações* são um apêndice esdrúxulo, ao mesmo tempo atípico e inapropriado. Se bem que o proémio esclareça que as *Anotações* não têm "*em si força de lei*", o que exclui a sua eventual relevância a título de interpretação autêntica da Carta, certo é que o mesmo proémio sublinha o préstimo destas glosas como "*valioso instrumento de interpretação destinado a clarificar as disposições da Carta*". O artigo 52.º, n.º 7, da Carta, determina, por seu lado, que "*os órgãos jurisdicionais da União e dos Estados-membros têm em devida conta as anotações destinadas a orientar a interpretação da presente Carta*". Com sentido bem diferente, o Protocolo n.º 30, relativo à aplicação da Carta à Polónia e ao Reino Unido, adverte no preâmbulo que a "*Carta deve ser aplicada e interpretada pelos tribunais (...) em estrita conformidade com as anotações*". Seja como for, as *Anotações*, redigidas num determinado cenário institucional e temporal, não podem, no futuro, limitar a liberdade aplicativa dos tribunais, da União e dos Estados-membros, e não podem, por isso, suster a dinâmica de interpretação evolutiva e contextual das disposições da Carta[9].

---

de l'Union. Commentaire article par article, Bruxelas, Bruylant, 2005, Tome 2 ; Araceli Mangas Martín (dir.), *Carta de los Derechos Fundamentales de la Unión Europea. Comentário artículo por artículo*, Bilbao, 2008.

[8] V. Maria Luísa Duarte / Carlos Alberto Lopes, *Tratado...*, cit., p. 285 e segs.

[9] Em defesa do papel meramente indicativo das *Anotações*, v. Maria Luísa Duarte, *União Europeia e Direitos Fundamentais...*, cit., p. 181.

7. Embora arredada do corpo dos Tratados, a Carta integra o estatuto jurídico da União, com a garantia expressa de partilhar com os Tratados a mesma força jurídica[10]. As disposições da Carta gozam dos atributos típicos do Direito da União originário, mormente o primado, o efeito directo e a relativa rigidez, dependendo a alteração das cláusulas de direitos do processo ordinário de revisão do artigo 48.º UE.

8. Em suma, a relevância jurídica plena da Carta, alcançada através do artigo 6.º, n.º 1, UE, apresenta inegáveis vantagens relativamente ao modelo anterior ao Tratado de Lisboa, sob a forma das seguintes características[11]:

a) *Visibilidade e certeza* – a positivação dos direitos, antes dispersos por várias fontes (v.g. princípios gerais de Direito, tradições constitucionais, normas avulsas dos Tratados), carentes da certificação jurisprudencial de relevância comunitária, coloca o "*bloco de fundamentalidade*" da União Europeia acessível ao conhecimento directo dos destinatários.

b) *Centralidade* – no arranque do processo de construção europeia, o centro foi ocupado, intencionalmente, pelos objectivos e instrumentos da integração económica (*era do mercado comum*) e assim permaneceu até ao dealbar da década de setenta; segue-se uma fase, diríamos de transição, na qual o projecto basicamente económico começa a acusar a repercussão de acções, da responsabilidade da Comissão e do Tribunal de Justiça que, diferentes na metodologia, convergem no resultado de comprometer a interpretação e a aplicação das tradi-

---

[10] Alguns autores assinalam a diferença de perspectiva entre a Constituição Europeia ("abordagem constitucional") e o Tratado de Lisboa ("abordagem tradicional ou comunitária") como alegado fundamento de uma menor coerência ou eficácia das alterações resultantes do Tratado de Lisboa – entre outros, v. Diego J. Liñán Nogueras / Pablo J. Martín Rodríguez, "Reflexiones sobre los derechos fundamentales en la Unión Europea a la luz del Tratado de Lisboa", in *La Unión Europea ante los retos de nuestro tiempo. Homenaje a la Profesora V. Abellán Honrubia*, Madrid, 2009, vol. II, p. 1053 (1071). Sem prejuízo do interesse teórico e ideológico de um tal debate, desenvolvido na dependência da propalada opção constitucional da União Europeia, no plano estritamente jurídico não existem diferenças substanciais entre o texto assinado em Roma e o texto assinado em Lisboa.

[11] Cfr. Maria Luísa Duarte, *União Europeia e Direitos Fundamentais...*, cit., p. 184-185.

cionais liberdades económicas com critérios de "fundamentalização" de direitos (v.g. direito de residência). O Tratado de Maastricht institui a União Europeia e lança uma nova fase, marcada pela cláusula geral do artigo F, n.º 2 (artigo 6.º, n.º 2, UE na versão do Tratado de Amesterdão e de Nice) e pelo reconhecimento do estatuto de cidadania da União (*era da união política*). A Carta completa esta evolução, porque concretiza a autonomização dos direitos em relação ao vínculo económico.

c) *Coerência sistemática e axiomática* – a Carta congrega direitos de filiação diversa, cuja articulação se fazia pela qualificação formal de princípios gerais de Direito. Com a Carta, a aplicação futura das normas garantidoras fica subordinada por um conjunto de valores comuns, expressamente enunciados no Preâmbulo (v.g. parágrafos segundo, quarto e quinto), no artigo 2.º e no artigo 3.º, n.º 3, parágrafo segundo, UE – v., em especial, o respeito pela dignidade da pessoa humana, os direitos inalienáveis da pessoa humana, a liberdade, a democracia, a igualdade, o pluralismo, a não discriminação, a justiça, a solidariedade, valores enquadrados pelo modelo do Estado de Direito. Assim, partiu-se de uma base plural e heterogénea para chegar a uma proclamação de direitos que é, por um lado, tendencialmente completa, e é, por outro lado, impulsionada por uma concreta Ideia de Direito partilhada pelos Estados-membros e pela União Europeia que são, na sua essência, uns e outra, *comunidades políticas de Direito.*

9. No que toca ao reconhecimento de direitos, a Carta não esgota a função garantidora do Tratado de Lisboa. Com efeito, importa ter presente que várias e importantes disposições avulsas do Tratado da União Europeia (UE) e do Tratado sobre o Funcionamento da União Europeia (TFUE) consagram direitos e liberdades. Para assinalar apenas os que se afiguram de maior relevo, sem preocupação de exaustividade, refiram-se:

- direitos de participação política dos cidadãos da União (v. artigos 10.º UE e 11.º UE, *maxime*, sob a forma de iniciativa popular; v. artigo 22.º TFUE);

- outros direitos de cidadania (v. artigos 20.º TFUE, 21.º TFUE, 23.º TFUE e 24.º TFUE);
- direito à protecção de dados de carácter pessoal (v. artigo 16.º TFUE e Declaração anexa n.º 21);
- liberdade confessional e de consciência (v. artigo 17.º TFUE);
- direito à não discriminação em razão da nacionalidade (v. artigo 18.º TFUE) e com base em factores como a idade, o sexo ou a religião (v. artigo 19.º TFUE);
- direitos de defesa em caso de congelamento de fundos (v. artigo 75.º TFUE, 215.º TFUE; 275.º TFUE; Declaração anexa n.º 25);
- direitos dos refugiados (v. artigo 78.º TFUE);
- direitos dos imigrantes (v. artigo 79.º TFUE);
- direitos individuais de defesa em processo penal (v. artigo 82.º TFUE);
- direitos sociais (v. artigos 151.º TFUE, 153.º TFUE e 157.º TFUE);
- direitos dos consumidores (v. artigo 169.º TFUE).

10. Uma referência de particular congratulação nos merece o artigo 13.º TFUE:

> "*Na definição e aplicação das políticas da União nos domínios da agricultura, da pesca, dos transportes, do mercado interno, da investigação e desenvolvimento tecnológico e do espaço,* ***a União e os Estados-membros terão plenamente em conta as exigências em matéria de bem-estar dos animais, enquanto seres sensíveis****, respeitando simultaneamente as disposições legislativas e administrativas e os costumes dos Estados-membros, nomeadamente em matéria de ritos religiosos, tradições culturais e património regional*" (ênfase acrescentada).

Pela primeira vez no corpo dos Tratados[12], as exigências relativas ao bem-estar dos animais enquanto seres dotados de sensibilidade são objecto de reconhecimento, dependente, é certo, de um exercício de conciliação prática com legislações nacionais e práticas culturais. Independentemente da questão filosófica de saber se os animais são

[12] O texto do artigo 13.º TFUE reproduz, com algumas alterações, o Protocolo relativo à protecção e ao bem-estar dos animais, anexo ao Tratado de Amesterdão.

ou não titulares de direitos[13], parece claro – óbvio, para nós – que as sociedades modernas não podem ignorar o imperativo civilizacional do tratamento compassivo e digno dos animais. Neste sentido, o respeito do bem-estar dos animais assume, do ponto de vista jurídico, a forma de deveres na esfera do Legislador (da União e dos Estados-membros) e de deveres de conduta na esfera do indivíduo[14].

11. O artigo 6.º do Tratado da União Europeia continua a ser a pedra angular do sistema de protecção dos direitos fundamentais da União Europeia. O n.º 1 do artigo 6.º define o lugar da Carta. O n.º 2 anuncia que a União "*adere*" à Convenção Europeia dos Direitos do Homem. O n.º 3, herdeiro da regra contida no pretérito artigo 6.º, n.º 2, mantém o sistema aberto ao reconhecimento e garantia de outros direitos fundamentais para além dos codificados pela Carta e pelas disposições dos Tratados, como "*princípios gerais (...) tal como os garante a Convenção Europeia para a Protecção dos Direitos do Homem e das Liberdades Fundamentais e tal como resultam das tradições constitucionais comuns aos Estados-membros*".

Por esta forma, o Tratado de Lisboa proporciona um desenvolvimento qualitativo do sistema de protecção de direitos através da consagração da Carta como texto vinculativo e, ao mesmo tempo, mantém a adequada flexibilidade internormativa do sistema pela via criativa e aberta dos princípios gerais de Direito.

B. *Mecanismos de garantia*

12. No que respeita à aplicação e garantia dos direitos fundamentais, o Tratado de Lisboa não introduz mecanismos radicalmente novos ou diferentes dos já existentes. Comparável à inovação que representa a codificação de direitos através da Carta, temos em matéria de tutela a previsão da futura adesão da União Europeia à CEDH.

---

[13] V., por todos, as propostas de reflexão de Fernando ARAÚJO, *A hora dos direitos dos animais*, Coimbra, Almedina, 2003.

[14] Crf. Maria Luísa DUARTE, "União Europeia e garantia de bem-estar dos animais", in *Estudos de Direito da União e das Comunidades Europeias*, II, Coimbra Editora, 2006, p. 119 e segs.

São comparáveis ou equivalentes, porque são soluções que reproduzem uma lógica de consolidação virtuosa de um modelo cujos alicerces já existiam. Trata-se, agora, com a vigência da Carta e com a futura adesão à CEDH de garantir a este modelo de base pretoriana a chancela do acordo político entre os Estados-membros, sob a forma de um novo tratado institutivo da União Europeia.

13. O Parlamento Europeu foi, em 1979, a primeira das instituições comunitárias a sustentar a tese da adesão das Comunidades Europeias à CEDH, no contexto de uma estratégia ambiciosa de protecção comunitária dos direitos fundamentais, que incluía ainda a aprovação de uma catálogo próprio de direitos[15].

A Comissão, que começou por se mostrar contrária a esta ideia nos relatórios sobre a União Europeia de 1975[16] e sobre os direitos fundamentais de 1976[17], acabaria por abraçar a causa a partir de 1979[18]. Em Outubro de 1995, a Comissão criou um comité de sábios, presidido por Maria de Lourdes Pintassilgo, com o objectivo de elaborar propostas a submeter à Conferência Intergovernamental convocada para Março de 1996. O Relatório Pintassilgo afastou-se da posição oficial da Comissão ao enunciar um conjunto de razões contrárias à adesão, destacando o receio de descaracterização do modelo comunitário no seio de um sistema intergovernamental, heterogéneo e alargado, como é o sistema instituído pela CEDH e confiado ao Tribunal Europeu dos Direitos do Homem (TEDH). Por esta altura, a 28 de Março de 1996, o Tribunal de Justiça pronunciou-se contra a adesão em resposta à questão colocada pelo Conselho[19]. Para o Juiz comunitário, os Tratados careciam de disposição habilitadora suficiente, pelo que só através da sua revisão, com a introdução de uma cláusula expressa, poderiam as Comunidades consumar a entrada no sistema europeu de protecção judicial dos direitos fundamentais.

[15] V. Resolução de 27 de Abril de 1979, JOCE, n.º C 127, de 21.5.1979, p. 69.

[16] V. Bull.CE 5/75.

[17] V. Bull.CE 5/76.

[18] V. Bull.CE, supl. 2/79.

[19] V. Parecer 2/94, *sobre a adesão da Comunidade Europeia à CEDH*, Col. 1996, p. I-1759.

14. As reservas opostas à decisão de aderir à CEDH têm na sua origem uma abordagem, diríamos, política, que enfatiza a oposição entre o modelo integracionista da União Europeia e o modelo clássico, baseado no Direito Internacional, do Conselho da Europa. A questão dividiu as instituições comunitárias – Comissão e Parlamento Europeu a defender a adesão; Conselho, com muitas dúvidas, mais inclinado a rejeitar a adesão do que a promovê-la; Tribunal de Justiça contra, por razões de lacuna habilitadora, mas, também, por receio de perder o seu estatuto de jurisdição suprema e exclusiva. A questão dividiu, e muito, a comunidade académica[20]. Neste caso, as correntes a favor e contra a adesão reflectiam um entendimento completamente distinto de um problema que todos reconheciam como real e difícil de resolver, relativo ao futuro estatuto da União Europeia como Parte Contratante da CEDH. Vários obstáculos de natureza técnico-jurídica condicionam o processo de adesão e tornam, mesmo depois da entrada em vigor do Tratado de Lisboa, incerta a concretização deste objectivo[21]. Em primeiro lugar, diferentemente do previsto no texto da Constituição Europeia, o acto de adesão, sob a forma de acordo internacional entre a União Europeia e as Partes Contratantes da CEDH, exige decisão unânime do Conselho, após aprovação do Parlamento Europeu; a sua entrada em vigor depende de aprovação por parte de todos os Estados-membros, *"em conformidade com as res-*

---

[20] A divergência algo cismática sobre a matéria contagiou a autora destas linhas que começou por alinhar contra a adesão (v. *A liberdade de circulação de pessoas e a ordem pública no Direito Comunitário*, Coimbra Editora, 1992, p. 263) e acabou a defender a adesão como requisito de um modelo europeu convergente de tutela dos direitos fundamentais (v. "O Direito da União Europeia e o Direito Europeu dos Direitos do Homem – uma defesa do "triângulo judicial europeu", in *Estudos em homenagem ao Professor A. Marques Guedes*, Coimbra Editora, 2004, p. 735).

[21] Com um inventário das principais questões de teor técnico-jurídico suscitadas pela decisão de conduzir a União Europeia ao sistema judicial da CEDH, v. a excelente síntese de F. Benoît-Rhomer, "L'adhésion de l'Union à la Convention européenne des droits de l'homme", in *Revue Universelle des Droits de l'Homme*, 2000, vol. 12, n.os 1-2, p. 57 e segs.; e de H. G. Kruger / J. Polakiecicz, "Proposals for a coherent human rights protection system in Europe. The European Convention on Human Rights and the EU Charter of Fundamental Rights", in *Human Rights Law Journal*, Oct. 2001, vol. 22, p. 1; e ainda o Relatório adoptado pelo Comité Director sobre os Direitos do Homem, de Junho de 2002 – "*Étude des questions juridiques et techniques d'une éventuelle adhésion de l'Union européenne à la CEDH* " [Doc. DG.II (2002) 006].

pectivas normas constitucionais" [v. artigo 218.º, n.º 1, alínea a), ii), e n.º 8, TFUE]. Neste caso, a posição tradicionalmente reticente de Estados-membros como o Reino Unido e a Polónia, pode ser suficiente para travar a adesão. Em segundo lugar, a própria CEDH terá de ser alterada no sentido de permitir a adesão de uma entidade que não é um Estado, como é a União Europeia. O Protocolo n.º 14, de 13 de Maio de 2004, prevê no seu artigo 17.º um aditamento ao artigo 59.º da Convenção no sentido de permitir a adesão da União Europeia. Acontece que a entrada em vigor deste Protocolo requer a ratificação dos 47 Estados que são Partes Contratantes e a demora da Rússia em ratificar pode comprometer a adesão da União Europeia[22]. Finalmente, a adesão pressupõe respostas adequadas a questões relacionadas com a representação da União nas instâncias de controlo da CEDH, com a existência de regras claras de imputação da responsabilidade à União ou/e aos Estados-membros pela violação da CEDH[23], com a garantia da actual situação de vinculação dos Estados-membros, mormente no que se refere às reservas[24]. Estas questões terão de ser acauteladas na fase das negociações que envolverão vários interlocutores: a União Europeia, os seus Estados-membros, o Conselho da Europa e os restantes Estados europeus que são Partes Contratantes na CEDH, mas não são membros da União. Todos estes Estados, como partes no futuro acordo de adesão, terão de confluir na decisão de ratificação. Países como a Rússia ou a Turquia poderão ter razões

[22] Já depois da conclusão deste estudo, foi anunciada, por comunicado do Secretário-Geral do Conselho da Europa de 18 de Fevereiro, que a ratificação da Rússia seria formalmente transmitida a tempo da entrada em vigor do Protocolo n.º 14, na data de 1 de Junho de 2010.

[23] Um exemplo particularmente ilustrativo é o relativo à protecção dos direitos fundamentais no quadro das matérias abrangidas pelo chamado *espaço de liberdade, segurança e justiça* (ELSJ), cuja comunitarização está sujeita a um período de transição e a derrogações aplicáveis a certos Estados-membros (v. infra n.ºs 16 e 17), pelo que se coloca o problema de saber quem responderá perante o TEDH pelas eventuais violações de direitos: a União Europeia, os Estados-membros ou alguns Estados-membros?

[24] O *Protocolo relativo ao n.º 2 do artigo 6.º do Tratado da União Europeia*, procede a identificação destes pontos sensíveis que importa enquadrar no acordo de adesão. Por seu lado, a Declaração anexa n.º 2 explicita a vontade da Conferência Intergovernamental, isto é, dos Estados-membros, no sentido de a adesão se dever realizar "*segundo modalidades que permitam preservar as especificidades do ordenamento jurídico da União Europeia.*

acumuladas de queixa, suficientes para manter a União Europeia em estado de espera, à porta do Conselho da Europa.

15. Outras alterações introduzidas pelo Tratado de Lisboa, não tendo a relevância (eventual e futura) da integração do Tribunal de Justiça no sistema europeu de tutela judicial da CEDH, apresentam, ainda assim, um apreciável significado como expressão de uma vontade orientada para a efectivação da garantia judicial dos direitos das pessoas em situação de potencial violação no quadro do Direito da União Europeia.

16. O Tratado de Lisboa revogou o artigo 46.º do Tratado da União Europeia (versão Tratado de Nice) que, definindo os limites da competência do Tribunal de Justiça, excluía da sua jurisdição as matérias do II Pilar (Política Externa e de Segurança Comum). Em relação às matérias do III Pilar (Cooperação Policial e Judiciária em Matéria Penal), a competência do Tribunal de Justiça era exercida nos termos do artigo 35.º do Tratado da União Europeia. Esta disposição restringia fortemente o âmbito de jurisdição do Tribunal de Justiça por comparação com a competência-regra que exercia sobre as matérias do pilar comunitário, o que envolvia, por exemplo, a exclusão do mecanismo do incumprimento, da acção de indemnização e uma cláusula de jurisdição facultativa para o exercício da competência a título prejudicial. Aos particulares, titulares de direitos, o artigo 35.º do Tratado da União Europeia não reconhecia legitimidade processual própria, pelo que não podiam impugnar uma decisão-quadro ou uma decisão, como não podiam solicitar adequada tutela indemnizatória. Esta limitação constituía, sem dúvida, uma das mais conspícuas fragilidades estruturais do sistema de tutela judicial da União Europeia.

No tocante aos direitos fundamentais, o artigo 46.º, alínea d), reconhecia a competência do Tribunal de Justiça para interpretar e aplicar o n.º 2 do artigo 6.º "*no que respeita à acção das Instituições*", mas logo ressalvava que tal controlo havia de ser exercido "*na medida em que o Tribunal de Justiça seja competente nos termos dos Tratados que instituem as Comunidades Europeias e nos termos do presente Tratado*".

A revogação do artigo 46.º é coerente com a extinção da Comunidade Europeia, substituída pela União Europeia (v. artigo 1.º, parágrafo terceiro, UE) e é, sobretudo, coerente com a "*despilarização*" da União. A "dualidade metodológica"[25] subjacente a uma estrutura de pilares, apoiada sobre princípios diferentes de actuação da União em face das prerrogativas de soberania dos Estados-membros, deu lugar, pelo menos aparentemente, a uma estrutura homogénea, com particular incidência na uniformização dos procedimentos de controlo da legalidade exercidos pelo Tribunal de Justiça[26].

O artigo 19.º, n.º 1, UE, investe o Tribunal de Justiça, como acontecia com o artigo 220.º TCE, na missão de garantir "*o respeito do direito na interpretação e aplicação dos Tratados*". Assim, seja qual for a matéria, o Juiz comunitário deverá garantir a estrita observância dos direitos fundamentais através, por um lado, do controlo de legalidade das normas comunitárias e, por outro lado, do controlo da actuação do decisor nacional quando este dá execução ao Direito da União. Ainda não é exactamente assim, porque o Tratado de Lisboa mantém uma espécie de "pilares invisíveis" ao preservar em relação a determinados domínios de acção da União Europeia regras específicas de sobrevivência dos poderes soberanos dos Estados-membros. Com este propósito, o artigo 276.º, parágrafo primeiro, TFUE, determina que o Tribunal de Justiça carece de competência no que diz respeito às disposições relativas à política externa e de segurança comum, o que abarca igualmente o domínio da política comum de segurança e defesa (v. artigos 23.º e seguintes). Em relação às matérias do antigo III Pilar (cooperação judiciária e policial em matéria penal, relativas ao espaço de liberdade, segurança e justiça), o artigo 276.º TFUE veda ao Tribunal de Justiça a fiscalização da "*validade ou proporcionalidade de operações efectuadas pelos serviços de*

---

[25] Sobre o sentido dado à expressão, v. Maria Luísa Duarte, *Direito da União Europeia e das Comunidades Europeias*, Lisboa, Lex, 2001, vol. I, p. 72 e segs.

[26] Na vigência do Tratado de Nice, o Tribunal de Justiça procurou encurtar a distância entre o I e o III Pilares, no sentido de garantir uma "quase-comunitarização" dos actos jurídicos do III Pilar (decisões-quadro e decisões). No caso *Maria Pupino*, este objectivo serviu para impor o dever de interpretação conforme do direito nacional ao conteúdo de uma decisão-quadro, cujo sentido deveria ser compatível com os direitos fundamentais (v. Acórdão TJCE, de 16 de Junho de 2005, Proc. C-105/03, Col. 2005, p. I-5285, c. 47 e 59).

polícia ou outros serviços responsáveis pela aplicação da lei num Estado-membro, nem para decidir sobre o exercício das responsabilidades que incumbem aos Estados-membros em matéria de manutenção da ordem pública e de garantia da segurança interna" (cfr. antigo artigo 35.º, n.º 5, Tratado da União Europeia).

O artigo 275.º, parágrafo segundo, TFUE, em nome do princípio da legalidade e da tutela judicial efectiva, mas em derrogação à regra da insindicabilidade contenciosa das disposições aplicativas no domínio da política externa e de segurança comum, estabelece que o Tribunal de Justiça é competente para, através do recurso de anulação do artigo 263.º TFUE, fiscalizar a "*legalidade das decisões que estabeleçam medidas restritivas contra pessoas singulares ou colectivas, adoptadas pelo Conselho com base no Capítulo 2 do Título V do Tratado da União Europeia*" (v. artigos 23.º e segs., UE). Esta garantia, que já estava prevista no texto da Constituição Europeia (v. artigo III-376.º), foi, na verdade, antecipada e imposta pelo veredicto do Tribunal de Justiça a respeito da questão controvertida do controlo judicial de medidas comunitárias sobre congelamento de fundos. Apesar de tais medidas terem por base uma decisão do Conselho de Segurança das Nações Unidas e visarem a prossecução de uma política de combate ao terrorismo internacional, o Tribunal concluiu, em sede de recurso, contrariando a posição do Tribunal de Primeira Instância, que não se pode excluir o controlo de legalidade e os direitos de defesa das pessoas visadas[27]. Na fundamentação, o Tribunal de Justiça apela directamente para o imperativo de tutela dos direitos fundamentais:

> "*a fiscalização, pelo Tribunal de Justiça, da validade dos actos comunitários à luz dos direitos fundamentais deve ser considerada a expressão, numa comunidade de direito, de uma garantia constitucional decorrente do Tratado CE enquanto sistema jurídico autónomo* (...)" (n.º 316).

Já em relação a medidas restritivas equivalentes, mas adoptadas através de actos jurídicos do III Pilar, insusceptíveis de impugnação judicial por força do artigo 35.º do Tratado da União Europeia, a solução preconizada pelo Tribunal de Justiça, embora justificada

---

[27] V. Acórdão TJCE, de 3 de Setembro de 2008, Proc. C-402/05 P e C-415/05 P, *Kadi*, Col. 2008, p. I-6351.

pelo carácter restritivo da letra da lei, ficava aquém do limite exigido pela tutela judicial efectiva[28].

17. A proclamada judicialização do III Pilar e, em concreto, a tutela judicial dos direitos fundamentais no âmbito do ELSJ não atinge, contudo, um nível incondicional de realização[29]. Com o Tratado de Lisboa, importa reconhecê-lo, estão presentes soluções de compromisso entre o quadro intergovernamental do antigo III Pilar e o quadro eurocomunitário do actual ESLJ que se traduzem por desvios ao princípio da tutela judicial, geral e efectiva. A este propósito, cumpre referir o *Protocolo n.º 36, relativo às disposições transitórias*, que prevê em relação ao acervo de actos adoptados antes da entrada em vigor do Tratado de Lisboa, durante um período que pode ser de cinco anos, a sobrevigência do modelo de jurisdição facultativa e restrita do Tribunal de Justiça, nos termos do antigo artigo 35.º do Tratado da União Europeia (v. artigo 10.º, n.º 1 e n.º 3). Para os Estados-membros que beneficiam de cláusulas de *opting-out*, Reino Unido e Dinamarca, a competência fiscalizadora do Tribunal de Justiça pode ser objecto de não aceitação por período indeterminado [v. artigo 10.º, n.º 4, do Protocolo n.º 36; v. artigo 2.º do Protocolo n.º 22, relativo à posição da Dinamarca (1997)][30].

18. Note-se, contudo, que o tópico direitos fundamentais e respeito de valores identitários do Estado de Direito nem sempre convoca a vigilância fiscalizadora do Tribunal de Justiça. No caso do meca-

---

[28] V. Acórdãos TJCE, de 27 de Fevereiro de 2007, Proc. C-354/04 P, *Gestoras Pro Amnistía* e C-355/05 P, *Segi*, Col. 2007, p. I-1579 e p. I-1657, respectivamente.

Sobre o significado desta jurisprudência na procura de um adequado equilíbrio entre a tutela dos direitos e o combate ao terrorismo no Direito da União Europeia, v., por todos, Nuno Piçarra, "Cooperação internacional no combate ao terrorismo e tutela dos direitos fundamentais. O debate na jurisprudência dos tribunais da União Europeia", in *Revista Mestrado em Direito*, ano 9, n.º 2, S. Paulo, 2009.

[29] Para uma identificação da natureza das matérias e de procedimentos envolvidos, v. Nuno Piçarra, "A União Europeia como espaço de liberdade, segurança e justiça: uma caracterização geral", in *Estudos comemorativos dos 25 Anos do ISCPSI*, Coimbra, Almedina, 2009.

[30] Com uma visão muito crítica do impacto negativo desta solução de compromisso, v. D. J. Liñán Nogueras / P. J. Martín Rodríguez, *Reflexiones*..., cit., p. 1075-1076.

nismo das sanções políticas regulado pelo artigo 7.º UE (cfr. antigo artigo 7.º do Tratado da União Europeia), os actos adoptados pelo Conselho Europeu e pelo Conselho contra o Estado-membro alegadamente responsável por uma violação grave e persistente dos valores referidos no artigo 2.º UE não são passíveis de impugnação contenciosa, salvo no que se refere à observância das disposições processuais [v. artigo 269.º TFUE – cfr. antigo artigo 46.º, alínea e), Tratado da União Europeia]. Mantemos as nossas reservas sobre a coerência sistémica de um modelo baseado na aplicação de sanções aos Estados-membros que violem os princípios democráticos e os direitos fundamentais e que faz depender a eficácia destas sanções da derrogação ao princípio democrático do controlo judicial[31]. Com o Tratado de Lisboa, perdeu-se a oportunidade de adequar o procedimento das sanções políticas às exigências elementares do Estado de Direito, extensivas ao exercício legítimo de direitos de defesa por parte de um Estado-membro contra a possível injustiça e arbitrariedade de decisões adoptadas pelo conjunto dos restantes Estados-membros.

19. Um outro ponto que teria merecido uma adequada adaptação respeita à legitimidade activa dos particulares, ao abrigo do artigo 263.º TFUE (ex-artigo 230.º CE). O parágrafo quarto do artigo 263.º TFUE sofreu uma pequena, diríamos cirúrgica, alteração no sentido de dispensar a demonstração do vínculo individual entre o acto impugnado e o particular recorrente quando se tratem de recursos "*contra actos regulamentares que lhe digam directamente respeito e não necessitem de medidas de execução*". Esta flexibilização do grau de exigência aplicado à comprovação pelo recorrente do interesse em agir revela-se, contudo, muito limitada nos seus efeitos. Na verdade, o particular recorrente só estará dispensado de demonstrar que o acto impugnado lhe diz individualmente respeito se estiver em causa um acto regulamentar exequível por si mesmo. A dupla condição da afectação directa e individual continua a ser exigível em relação aos actos legislativos (v. artigo 289.º TFUE) e a todos os

---

[31] Tratamos desta questão no estudo "União Europeia e os direitos fundamentais. Métodos de protecção", in *Estudos de Direito da União e das Comunidades Europeias*, Coimbra Editora, 2000, p. 32.

actos jurídicos da União que necessitem de medidas de execução, nacionais ou eurocomunitárias[32]. Em relação a estes actos, e tendo em conta as suas implicações sobre o espaço de protecção dos direitos, mantém-se a situação anterior ao Tratado de Lisboa, caracterizada pelo potencial défice de tutela judicial efectiva e pela dependência dos mecanismos nacionais de impugnação contenciosa dos actos[33-34].

III. Protecção dos direitos fundamentais e privilégios de exclusão consentida: a via perigosa dos direitos a duas velocidades

20. Afirma-se, com razão, que o Tratado de Lisboa reproduz, no essencial, as soluções preconizadas no texto abandonado da Constituição Europeia. No domínio que versamos, a asserção não descreve com rigor o conteúdo do legado que foi transmitido. Por um lado, a Carta dos Direitos Fundamentais da União Europeia foi remetida para um Protocolo, o que permite uma certa leitura de "desconstitucionalização" do novo Tratado. Por outro lado, e é este o aspecto que importa analisar, a Carta não vincula *todos* os Estados-membros. Através de um protocolo, o Reino Unido e a Polónia obtiveram o acordo dos restantes Estados-membros sobre a não aplicação da Carta

---

[32] A expressão "actos regulamentares" utilizada pelo artigo 263.º TFUE deixa em aberto a questão de saber o que se deve entender por *acto regulamentar*. A nova nomenclatura dos actos jurídicos da União, constante dos artigos 289.º e seguintes, não se refere a acto regulamentar, preferindo a contraposição entre actos legislativos (v. artigo 289.º, n.º 3, TFUE) e actos não legislativos, que podem ser delegados (v. artigo 290.º, n.º 3, TFUE) e de execução (v. artigo 291.º, n.º 4, TFUE). Em nossa opinião, por apelo ao princípio do efeito útil que garanta o mais amplo controlo de legalidade dos actos, a expressão "actos regulamentares" do artigo 263.º, parágrafo quarto, TFUE, deve ser interpretado no sentido de abranger qualquer acto não legislativo da União, susceptível de impugnação nos termos do n.º 1, parágrafo primeiro, do artigo 263.º TFUE.

[33] Sobre a insuficiência da resposta jurisprudencial ao problema da tutela judicial efectiva em sede de recurso de anulação, com uma concepção que perdura, com pequenos ajustamentos, há mais de meio século, v. Maria Luísa Duarte, *União Europeia e Direitos Fundamentais...*, cit., p. 382 e segs.

[34] Para uma análise dos limites do funcionamento articulado das diferentes vias de controlo da legalidade dos actos jurídicos da União, v., entre outros, C. Martínez Capdevila, "El recurso de anulación, la cuestión prejudicial de validez y la excepción de ilegalidad: vias complementares ou alternativas", in *Revista de Derecho Comunitario Europeo*, 2005, n.º 20, p. 135 e segs.

nos respectivos ordenamentos jurídicos[35]. Em concreto, o Protocolo garante a estes dois Estados-membros que as disposições da Carta não podem ser invocadas como fundamento de desaplicação, por desconformidade comunitária, das leis, práticas e acções administrativas internas, com uma referência expressa ao Título IV da Carta em matéria de direitos sociais que não cria direitos susceptíveis de invocação perante os tribunais nacionais. Mais tarde, no Conselho Europeu de 30 de Outubro de 2009, a República Checa juntou-se a este pequeno clube dos "auto-excluídos", fazendo depender a sua ratificação do Tratado de Lisboa, a última de um processo iniciado dois anos antes, da satisfação desta exigência de última hora[36].

21. A "fuga" à vinculatividade da Carta por parte destes três Estados-membros fragiliza o compromisso da União Europeia com os direitos fundamentais. Sobre esta matéria, não se compreende, nem aceita, a existência de blocos de normatividade de configuração variável. Do ponto de vista político, trata-se de uma manifestação desnecessária e inoportuna de intergovernamentalidade, porque o respeito pela soberania dos Estados-membros, nomeadamente sob a forma de identidade constitucional (v. artigo 4.º, n.º 2, UE), não depende da restrição do âmbito de aplicação da Carta. Recorde-se que os direitos proclamados pela Carta não geram obrigações novas, seja porque codificam direitos já reconhecidos como parte integrante do Direito da União Europeia seja porque a enunciação normativa de direitos e liberdades remete para as legislações e práticas nacionais (v.g. artigos 27.º, 28.º, 30.º, 35.º, da Carta).

Do ponto de vista jurídico, a integração diferenciada gera incerteza sobre o alcance subjectivo e objectivo dos direitos inscritos na Carta, com prejuízo notório para os titulares potenciais de tais direitos. Apenas dois exemplos que permitem antecipar o tipo de dúvidas

---

[35] V. Protocolo n.º 30, relativo à aplicação da Carta dos Direitos Fundamentais da União Europeia à Polónia e ao Reino Unido.

[36] V. Anexo I às Conclusões do Conselho Europeu de Bruxelas (29/30 de Outubro de 2009), que aprovou o *Protocolo relativo à aplicação da Carta dos Direitos Fundamentais da União Europeia à República Checa*, a ratificar pelos Estados-membros ao abrigo do artigo 48.º UE, o que só deverá acontecer por altura da ratificação do Tratado de adesão da Croácia, provavelmente em 2012.

que se colocarão no futuro: **1**) na medida em que a Carta "*não cria novos direitos ou princípios*", como se pode ler no preâmbulo do Protocolo n.º 30, e que se limita a "*reafirmar*" direitos (v. artigo 1.º, n.º 1, *in fine*, do Protocolo n.º 30), como poderão ou deverão os tribunais nacionais e o Tribunal de Justiça distinguir entre, por um lado, direitos previstos na Carta, insusceptíveis de invocação, e, por outro lado, direitos que, fazendo parte integrante do Direito da União Europeia, são vinculativos como princípios gerais, na acepção do artigo 6.º, n.º 3, UE?[37] **2**) O artigo 1.º, n.º 2, do Protocolo n.º 30 refere expressamente o estatuto de irrelevância do Título IV da Carta, dedicado aos direitos sociais; a Polónia, através da Declaração n.º 62, apelando à tradição do movimento social *Solidariedade*, compromete-se a respeitar os direitos sociais e laborais reafirmados no Título IV da Carta. Pergunta-se: pode uma declaração alterar o sentido de uma cláusula expressa de derrogação contida no texto do Protocolo? Qual é, afinal, o estatuto da Polónia em relação aos direitos sociais? Cumpre se quiser ou pode ser compelida a fazê-lo através dos mecanismos comuns de garantia do primado do Direito da União Europeia, que abrange também a Carta?

22. O Protocolo n.º 30 e o estatuto de privilégio que reconhece a três Estados-membros constitui, na verdade, um retrocesso em termos históricos, seja em relação à Constituição Europeia seja mesmo em relação à CEDH. Em nossa opinião, não faz sentido desvalorizar o impacto negativo deste acordo como alegada expressão de um método comunitário de integração diferenciada, consagrado no Tratado sob a forma de cooperação reforçada (v. artigo 20.º UE e artigos 326.º e

---

[37] Uma resposta clara a esta questão torna-se ainda mais improvável se tivermos em conta o facto de a Carta, no período que vai da sua proclamação solene em Dezembro de 2000 à sua entrada em vigor nove anos volvidos, ter sido expressamente invocada a propósito dos direitos e princípios que consagra, primeiro pela voz dos Advogados-Gerais, depois pelo próprio Tribunal de Justiça (v. Acórdão de 27 de Junho de 2006, Proc. C-540/03, *Parlamento Europeu c. Conselho*, Col. 2006, p. I-5769) e por vários tribunais supremos dos Estados-membros, incluindo o Tribunal Constitucional Português – v. Maria Luísa DUARTE, *União Europeia e Direitos Fundamentais*..., cit., p. 154 e segs.

O Protocolo n.º 30, no respeitante aos países abrangidos pela exclusão e no quadro mais alargado da União Europeia, representa, por isto, um recuo relativamente à situação existente no período de pré-vigência da Carta.

seguintes, TFUE) ou sob a forma de cooperação estruturada permanente (v. artigo 42.º UE). Neste caso, a geometria variável do espaço de integração ou, se quisermos, as diferentes velocidades imprimidas ao espaço da integração resultam da determinação ou preparação de um conjunto restrito de Estados-membros para avançar a um ritmo mais acelerado e exigente. No caso vertente, o Protocolo n.º 30 é apenas a expressão de um querer político contrário ao adquirido comunitário em matéria de direitos fundamentais, codificado através da Carta. Uma vontade política contrária que pode, e sublinhe-se o absurdo da situação, ser exercida para impedir uma revisão da Carta no sentido do aprofundamento do seu escopo de garantia (v. artigo 48.º, n.º 2, UE).

Na CIG de 2004, o texto da Carta sofreu várias alterações relativamente à versão proclamada em 2000 com o intuito confesso de mitigar a sua força jurídica, especialmente em relação aos direitos sociais. Assim nasceu, por exemplo, a controvertida distinção entre direitos, que devem ser respeitados, e princípios, que devem ser observados e promovidos através da adopção de actos aplicativos (v. artigo 51.º, n.º 1 e 52.º, n.º 5, da Carta), bem como a heterodoxa remissão para as *Anotações* constante do n.º 7 do artigo 52.º. Este exercício de "redução" da Carta foi, em larga medida, imposto pela intransigência negocial do Governo britânico e foi consentido pela generalidade dos restantes Estados-membros, mesmo contrariando o legado europeu neste domínio, para assegurar a aceitação da Carta pelo Reino Unido. Passados três anos, à boleia de um novo Tratado, o Reino Unido, agora acompanhado pela Polónia, acabou por rejeitar a aplicação da Carta por cujas anomalias jurídicas é largamente responsável[38].

[38] A posição britânica em 2007 limitou-se, é certo, a replicar um padrão: em Dezembro de 1989, o Reino Unido não acompanhou os demais Estados-membros no acto de aprovação da chamada *Carta Comunitária dos Direitos Sociais Fundamentais dos Trabalhadores*. Em 1992, com o Tratado de Maastricht, o Reino Unido recusou a participação no *Acordo relativo à política social* (v. Protocolo n.º 14). A integração do Acordo no texto dos Tratados, através do Tratado de Amesterdão, trouxe o Reino Unido de volta ao procedimento comunitário de decisão em matéria social, mas não desvaneceu a tradicional resistência britânica ao aprofundamento dos direitos sociais (v. artigo 136.º do Tratado da Comunidade Europeia, actual artigo 151.º TFUE).

Também em relação à CEDH, a União Europeia projecta, com esta exclusão, uma imagem desfocada sobre o significado que atribui à tutela dos direitos fundamentais. Estando em causa um rol de direitos que corresponde, no essencial, ao conjunto de direitos garantidos pela CEDH e por outras convenções internacionais que vinculam todos os Estados-membros, a União Europeia não conseguiu sequer garantir um nível de coesão equivalente ao já alcançado no quadro da CEDH, cuja aplicação é, sublinhe-se, garantida por um sistema institucional de base jusinternacionalista e enquadrada pela existência de uma organização intergovernamental, que é o Conselho da Europa.

IV. O Tratado de Lisboa e o sistema europeu de protecção dos direitos fundamentais: a chancela de uma *reafirmação*

23. No preâmbulo, a Carta dos Direitos Fundamentais da União Europeia define, com inusitada clareza, a sua natureza de instrumento declarativo e codificador de direitos, que reafirma direitos, liberdades e princípios já integrantes do *bloco de fundamentalidade* da União Europeia:

> "*A presente Carta **reafirma**, no respeito pelas atribuições e competências da União e na observância do princípio da subsidiariedade, os direitos que decorrem, nomeadamente, das tradições constitucionais e das obrigações internacionais comuns aos Estados-membros, da CEDH, das Cartas Sociais aprovadas pela União e pelo Conselho da Europa, bem como da jurisprudência do Tribunal de Justiça da União Europeia e do Tribunal Europeu dos Direitos do Homem (...)*" (ênfase acrescentada).

O Protocolo n.º 30, relativo à aplicação da Carta à Polónia e ao Reino Unido, reitera este entendimento:

> "*Considerando que a Carta **reafirma** os direitos, as liberdades e os princípios reconhecidos na União, conferindo-lhes maior visibilidade, sem todavia criar novos direitos ou princípios*" (ênfase acrescentada).

Também em prol desta concepção, a Declaração n.º 1, dedicada à Carta, elucida que esta sendo juridicamente vinculativa, apenas "***confirma** os direitos fundamentais garantidos pela CEDH e resultantes de tradições constitucionais comuns aos Estados-membros*" (ênfase acrescentada).

24. Em rigor, a Carta não proclama novos direitos. A sua entrada em vigor em 1 de Dezembro de 2009 não implicou alterações substanciais no *bloco de fundamentalidade* da União Europeia[39]. Também não serão de esperar, pelo menos no horizonte próximo, modificações de relevo na forma como o Tribunal de Justiça interpreta e aplica as normas garantidoras de direitos constantes da Carta. A este propósito, basta ter presente que as *Anotações*, dirigidas aos órgãos jurisdicionais da União e dos Estados-membros (v. artigo 52.º, n.º 7, da Carta) se apoiam, em larga medida, na jurisprudência proferida pelo Tribunal de Justiça e pelo Tribunal Europeu dos Direitos do Homem.

Em suma, a Carta, na sua assumida função de reafirmação de direitos, reúne num único texto direitos provenientes do legado constitucional dos Estados-membros, do Direito da União Europeia (v.g. direitos de cidadania) e, na sua maioria, da CEDH. A Carta proclama direitos nascidos do funcionamento de um sistema europeu de base triangular. A eventual inovação da Carta não reside no tipo de direitos e liberdades que declara, mas sim no conjunto de direitos que dela resulta.

25. O aspecto mais inovador do Tratado de Lisboa em matéria de direitos fundamentais respeita à adesão da UE à CEDH. Trata-se, contudo, de um objectivo para concretização futura e, não dispensando uma nota de realismo, de desfecho muito incerto. Por conseguinte, o artigo 6.º, n.º 2, UE não tem repercussão imediata.

26. Importa, assim, concluir que o Tratado de Lisboa, embora com clarificações importantes e uma porta entreaberta à futura adesão da UE à CEDH, não mutaciona o modelo eurocomunitário de protecção dos direitos fundamentais, seja no plano dos direitos proclamados seja no plano dos respectivos meios de garantia. Deveria fazê-lo? Não nos parece que, nesta fase, caracterizada por uma vontade de aprofundamento na continuidade do espaço de integração confiado à União Europeia, uma mudança radical de paradigma fizesse parte da equação. A continuidade do modelo, seria, contudo,

[39] Cfr. Maria Luísa Duarte, *União Europeia e Direitos Fundamentais...*, cit., p. 243 e segs.

compatível com soluções de mudança que dariam, aliás, valioso contributo para a desejada superação de lacunas identificadas no sistema actual. Apenas três sugestões: **1**) maior ambição nos direitos arrolados pela Carta, em particular a preferência por uma formulação mais imperativa, menos condicional ou remissiva; **2**) revisão do artigo 263.º TFUE (recurso de anulação), no sentido de permitir a impugnação de actos jurídicos da UE, ainda que gerais e abstractos, por iniciativa dos titulares dos direitos com fundamento na sua alegada violação; **3**) sem prejuízo da medida anterior, deveria o Provedor de Justiça Europeu ser incluído no elenco dos recorrentes institucionais do artigo 263.º TFUE, com o poder para impugnar quaisquer actos jurídicos da UE com fundamento em alegada violação de direitos fundamentais.

27. O sistema eurocomunitário de protecção de direitos fundamentais, tal como o conhecemos – plural e internormativo no que se refere às fontes, pretoriano no que toca aos critérios de decisão aplicativa, de cooperação através do "diálogo de juízes" – não sofrerá qualquer risco de transformação radical em virtude do Tratado de Lisboa[40]. Mesmo a adesão da UE à CEDH, supondo que essa solução se possa concretizar, constituirá, importa reconhecê-lo, a formalização de um modelo de coexistência judicial, que já funciona em termos algo assimétricos de "diálogo de juízes", e que tivemos oportunidade de caracterizar como "triângulo judicial europeu"[41]. Com o Tratado

[40] Já depois da entrada em vigor do Tratado de Lisboa, o Tribunal de Justiça proferiu no caso *Seda* uma decisão que deixa clara a sua preferência, como no passado, pela invocação dos princípios gerais de Direito como fonte dos direitos cuja observância deve impor (v. Proc. C-555/07, de 19 de Janeiro de 2010). Esta orientação terá a vantagem de melhor garantir a efectividade de direitos previstos na Carta ou noutros instrumentos normativos fragilizados por cláusulas de *opting-out*. Se um determinado direito, como no caso concreto, a não discriminação em razão da idade, tiver como fonte um princípio geral integrante do Direito da União Europeia, ao abrigo do artigo 6.º, n.º 3, UE, o Tribunal de Justiça deve garantir a sua aplicação em relação a todos os Estados-membros. Por esta via, que reproduz o cânone tradicional do método pretoriano de tutela dos direitos na União Europeia, se poderá minimizar o impacto negativo de uma selecção "*à la Carte*" dos direitos.

[41] A expressão foi por nós proposta, pela primeira vez, no estudo de 2004, intitulado "O Direito da União Europeia e o Direito Europeu dos Direitos do Homem. Uma defesa do «triângulo judicial europeu»", in *Estudos em homenagem ao Professor A. Marques Guedes*, Coimbra Editora, p. 205 e segs.

de Lisboa, em matéria de direitos fundamentais, prevaleceu – e bem – o método comunitário do aperfeiçoamento gradual e pragmático dos meios jurídicos adequados à garantia do nível mais elevado de protecção. Tão ou mais importante do que a positivação das normas garantidoras e a formalização do sistema de tutela judicial em articulação com o Tribunal Europeu dos Direitos do Homem será a perspectiva que o Juiz comunitário, em especial o Tribunal de Justiça vier a tomar sobre o âmbito de protecção dos direitos e o estatuto dos particulares no funcionamento das vias de direito. Em definitivo, o Tratado de Lisboa é neste caminho, iniciado nos finais da década de sessenta, um ponto de passagem e não um ponto de chegada.

Lisboa, 16 de Fevereiro de 2010

O TRATADO DE LISBOA E O TESTE DA "IDENTIDADE CONSTITUCIONAL" DOS ESTADOS-MEMBROS – UMA LEITURA PROSPECTIVA DA DECISÃO DO TRIBUNAL CONSTITUCIONAL ALEMÃO DE 30 DE JUNHO DE 2009*

Sumário: Nota preambular. **I.** A Decisão do Tribunal Constitucional alemão de 30 de Junho de 2009. **a)** As alegações de inconstitucionalidade **b)** O reconhecimento das razões de alerta constitucional à vista do Tratado de Lisboa. **c)** O teste judicial da "identidade constitucional" ou a defesa da última fronteira do Estado soberano. **II.** A beneficiosa replicação do exemplo alemão – o problema na perspectiva da Constituição Portuguesa. **III.** Notas finais

Nota preambular

O Tribunal Constitucional alemão pronunciou-se por Decisão de 30 de Junho de 2009 sobre a questão da compatibilidade do chamado Tratado de Lisboa com a Lei Fundamental de Bona. Não é a primeira vez – e não será com elevada probabilidade a última – que o Tribunal de Karlsruhe se ocupa do problema suscitado pela necessária coexistência entre função garantística da Constituição e primado do Direito da União Europeia, em particular na versão resultante de novos tratados institutivos[1].

---

* Elaborado para os *Estudos em homenagem ao Professor Doutor Sérvulo Correia* (no prelo), sofreu na versão ora publicada algumas alterações.

[1] V. Decisão de 29 de Maio de 1974, caso *Solange I*; Decisão de 22 de Outubro de 1986, caso *Solange II*; Decisão de 12 de Outubro de 1993, sobre a conformidade constitucional do *Tratado de Maastricht*; Decisão de 7 de Junho de 2000, caso *Bananas* – publicadas e anotadas in Maria Luísa DUARTE / Pedro Delgado ALVES, *União Europeia e Jurisprudência Constitucional dos Estados-membros*, Lisboa, AAFDL, 2006, p. 17 e segs.

Qualquer uma das decisões anteriores tornou-se uma referência do discurso jurídico sobre o papel subsistente das Constituições dos Estados-membros. A pronúncia de 30 de Junho de 2009 não é, deste ponto de vista, inédita no raciocínio adoptado, nem inesperada na rejeição do veredicto de inconstitucionalidade sobre o Tratado de Lisboa. Existem, contudo, neste acórdão elementos de análise que não encontramos com este grau de explicitação na jurisprudência anterior, especialmente sob a forma de um princípio ou contralimite que é expressamente designado por "identidade constitucional" ou "identidade da Constituição". Acreditamos que, no futuro, este será o critério basilar de decisão a respeito do efeito tolerável ou intolerável da prevalência do Direito da União Europeia sobre a Constituição de um Estado-membro.

O nosso interesse por esta decisão prende-se, justamente, com a vontade de perceber o alcance de um tal critério na definição da "última fronteira" do território constitucional do Estado-membro (ainda) soberano. Na verdade, é um interesse antigo que, por diversas vezes, nos conduziu pelo campo relativamente interdito dos limites ao processo de alargamento e de mutação dos poderes da União Europeia[2].

Não se trata aqui de fazer uma apresentação passo a passo da Decisão de 30 de Junho, aliás extensa e até pleonástica na sua ambição persuasiva. Em suma, o objectivo não é acompanhar o Juiz constitucional pelos caminhos e atalhos percorridos para se convencer (e nos convencer) da imácula constitucional do Tratado de Lisboa. O objectivo é sim o de perceber por que forma esta Decisão, inspirada pela noção aberta da "identidade constitucional", poderá, no futuro, alterar o modelo de intervenção do decisor nacional, de nível parlamentar ou judicial, no processo de construção da União Europeia.

---

[2] V. Maria Luísa DUARTE, "O Tratado da União Europeia e a garantia da Constituição – notas de uma reflexão crítica", in *Estudos em memória do Professor João de Castro Mendes*, Lisboa, 1995, p. 675 e segs. (concluído em data anterior à prolação da Decisão de 12 de Outubro de 1993); Idem, *A teoria dos poderes implícitos e a delimitação de competências entre a União Europeia e os Estados-membros*, Lisboa, Lex, 1997, p. 384 e segs.; Idem, "A Constituição Portuguesa e a União Europeia: instantâneos de uma coabitação necessária", in Pablo Pérez Tremps (coord.), *Jornadas Luso-Españolas de Derecho Constitucional*, Mérida, 1999, p. 189 e segs.

A extrema complexidade da fundamentação discursiva do Tribunal desaconselha uma leitura definitiva e peremptória sobre as consequências futuras do aresto, mas também não deve inibir o espírito crítico da doutrina e, muito menos, deve causar reservas por suposto favorecimento das teses eurocépticas[3]. A voz respeitada e expansivamente glosada do Tribunal Constitucional em domínios como o da protecção dos direitos fundamentais ou da natureza do poder constituinte terá, igualmente, de ser conhecida sobre a questão fundamental dos limites jurídicos ao processo de construção da União Europeia, ainda que seja como ponto de partida para uma refutação dos pressupostos de garantia da Lei Fundamental de Bona.

I. A Decisão do Tribunal Constitucional alemão de 30 de Junho de 2009

a) As alegações de inconstitucionalidade

1. Com uma longa fundamentação, que supera as quatro centenas de considerandos, a Decisão foi, importa tê-lo em conta, obtida com o voto unânime dos sete juízes que compõem a Segunda Secção do Tribunal Constitucional[4].

O processo de fiscalização da constitucionalidade nasceu da iniciativa de um conjunto muito heterogéneo de protagonistas da cena

[3] Jaques ZILLER, autor da única anotação conhecida até ao momento de conclusão do nosso próprio comentário, começa por advertir para a relativa ininteligibilidade da Decisão e, sobretudo, para o perigo tremendo dela extrair argumentos contrários à evolução federal da União Europeia; acaba a defender que se trata de uma mera reedição da doutrina *Solange*, o que é, convenhamos, uma visão muito curta do âmbito dos problemas abordados e das soluções propostas no aresto de 30 de Junho – v. "Solange III, ovvero la Europarechtsfreerdlichkut del Bundesferfassungsgericht. A proposito della sentenza della Corte Costituzionale Federale Tedesca sulla ratifica del Trattato di Lisbona", in *Rivista Italiana di Diritto Pubblico Comunitario*, 2009, n.º 5, p. 973 e segs.

[4] O texto da Decisão, bem como o seu sumário, sob a forma de press release, estão disponíveis, em alemão e com tradução para inglês, no sítio oficial do Tribunal (v. http://www.bundesverfassungsgericht.de). Já depois da conclusão deste estudo, ficou disponível a tradução para castelhano de Carlos Vidal Prado e Cristina Elies Méndez. A tradução para português dos trechos citados da Decisão a partir da versão em inglês é da responsabilidade da autora.

política germânica que incluiu o grupo parlamentar do partido de esquerda Die Linke, o presidente do Partido Ecológico Democrático, um deputado da União Social Cristã e o Conde von Stauffenberg (ex--deputado europeu e filho do aristocrata que foi, em 1944, autor do atentado falhado contra Adolf Hitler). Em comum, o objectivo de travar a ratificação pela Alemanha do Tratado de Lisboa, depois de já ter sido objecto de votação no Parlamento federal. Em causa, o Acto de Aprovação do Tratado de Lisboa e, em parte, as chamadas *Leis Complementares*, adoptadas como instrumento separado [Acto de Extensão e Reforço dos Direitos da Assembleia Federal (*Bundestag*) e do Conselho Federal (*Bundesrat*) sobre questões da União Europeia].

2. No tocante aos argumentos de suporte da alegação de inconstitucionalidade, o Juiz constitucional viu-se confrontado com um vasto rol de razões, umas de recorte mais técnico-jurídico, outras de vincada filiação política. Em prol de um difícil esforço de síntese, podemos compreender as diferentes objecções ao Tratado de Lisboa em torno dos seguintes fundamentos:

- violação do artigo 38.º da Lei Fundamental de Bona que garante aos cidadãos alemães o direito de sufrágio na eleição da Assembleia Federal. A transferência de poderes soberanos para a União Europeia esvaziaria de competências o parlamento alemão, o que afectaria directamente a sua influência no processo democrático de decisão;
- o princípio basilar da democracia resultaria ainda afectado pelo défice de legitimidade que caracteriza a estrutura institucional de decisão da União Europeia, agravado pelas alterações inscritas no Tratado de Lisboa;
- o alargamento das competências da União Europeia, em domínios como os da justiça penal, defesa, segurança, política externa, implicaria uma alteração substancial da natureza da União que deixaria de corresponder ao modelo da comunidade de objectivos económicos;
- a extensão das competências da União pode verificar-se por recurso a cláusulas de flexibilização (v.g. artigos 311.º e 352.º do Tratado sobre o Funcionamento da União Europeia, doravante TFUE) e cláusulas de revisão simplificada (v. artigo

48.º, n.os 6 e 7, TFUE) que substituem a exigência de vinculação internacional dos Estados-membros, com participação directa dos Parlamentos nacionais;

- a generalização do princípio da maioria como regra de deliberação no seio do Conselho afectaria as prerrogativas dos Estados-membros e, em particular, os poderes dos respectivos Parlamentos nacionais;
- os poderes de intervenção dos Parlamentos nacionais previstos em protocolos anexos ao Tratado de Lisboa (v. *Protocolo relativo ao papel dos parlamentos nacionais na União Europeia; Protocolo relativo à aplicação dos princípios da subsidiariedade e da proporcionalidade*) seriam insuficientes e inadequados para assegurar um controlo efectivo dos princípios da competência por atribuição, da subsidiariedade e da proporcionalidade no contexto do processo comunitário de decisão;
- a comunitarização de competências em áreas vitais e tipificadoras da soberania do Estado comprometeria a "estadualidade" da Alemanha, com a União Europeia a exercer os inerentes atributos, *maxime* no plano da política externa;
- a União Europeia já não seria apenas uma associação de Estados nacionais (*Staatenverbund*) para passar a ser uma federação, dotada de personalidade jurídica, que adoptaria actos como se fosse um Estado, com os seus próprios órgãos legislativos e uma cidadania própria da União;
- a extensão das competências da União Europeia não teria sido acompanhada do necessário reforço das garantias dos direitos fundamentais, mormente a previsão de uma via de direito específica junto do Tribunal de Justiça;
- a preferência pelo modelo de economia de mercado em ambiente de liberalização das actividades económicas, decorrente do Tratado e impulsionado pela jurisprudência do Tribunal de Justiça, comprometeria a opção soberana da Alemanha pelo modelo de Estado social, garantido pela Lei Fundamental;
- violação do princípio da separação e equilíbrio de poderes entre o Parlamento e o Governo, originada pela participação directa do órgão executivo no processo de decisão da União Europeia que culminaria na aprovação de actos normativos que prevalecem sobre as leis aprovadas no Parlamento alemão;

– no mesmo sentido, as *Leis Complementares* não seriam suficientes para garantir os direitos de participação do Parlamento alemão nas decisões políticas mais importantes, como a relativa à utilização dos efectivos militares ao serviço da União Europeia (v. artigo 42.º, n.º 3, do Tratado da União Europeia, doravante UE), o que constituiria grave violação do princípio da democracia.

b) **O reconhecimento de razões de alerta constitucional à vista do Tratado de Lisboa**

3. Com um veredicto final que é favorável, no seu conjunto, à compatibilidade constitucional do Tratado de Lisboa, sobressaem, contudo, no texto da Decisão várias referências às mais relevantes áreas de potencial conflitualidade entre a Lei Fundamental e o (futuro) Direito da União Europeia. A Decisão de 30 de Junho de 2009 encerra, por isso, quanto a nós, uma certa contradição interna: por um lado, reconhece a existência no Tratado de Lisboa de soluções jurídico-institucionais geradores de erosão do papel garantístico da Constituição e das funções típicas do Estado soberano; por outro lado, através de uma análise exaustiva dos argumentos das partes accionantes, propõe uma interpretação benévola e neutralizadora das implicações negativas das disposições relevantes do Tratado de Lisboa. Um tal expediente retórico concretiza, afinal, um propósito indisfarçado de **autorização constitucional sob condição**. Como já acontecera por ocasião do Tratado de Maastricht, o guardião-mor da Lei Fundamental de Bona não quis inviabilizar a ratificação do tratado de revisão, recusou travar mais um passo no processo de integração europeia, mas, ao mesmo tempo, não iludiu as razões pertinentes de alerta constitucional e, sobretudo, relembrou, com ênfase, que mantém a titularidade de importantes prerrogativas de controlo e de garantia da Constituição.

4. A extensão e aprofundamento das competências da União Europeia, tal como previstas no Tratado de Lisboa, interferem com o exercício de poderes de soberania, pelo que se impõe, por um lado, uma interpretação estrita das respectivas normas de habilitação e, por outro lado, um controlo efectivo por parte do Parlamento nacional. O alerta constitucional deverá soar, nomeadamente em relação às seguintes áreas:

- cooperação judiciária em matéria penal, *maxime* no que se refere à harmonização das legislações nacionais sobre matéria de tipificação penal (v. artigo 83.º, n.ºs 1 e 3; artigo 82.º, n.º 3, TFUE);
- cooperação judiciária em matéria civil (v. artigo 81.º, n.º 3, TFUE);
- política comum de segurança e defesa (v. artigo 42.º e segs., UE);
- procedimentos de revisão simplificados (v. artigo 48.º. n.ºs 6 e 7, UE);
- cláusula geral de flexibilidade ou de alargamento evolutivo de competências (v. artigo 352.º TFUE).

5. Em relação a estas situações que envolvem um risco mais elevado decorrente da aplicação das regras do Tratado de Lisboa e, especialmente, das suas várias cláusulas-passarela, com um objectivo de limitação definitiva das actuais prerrogativas de soberania dos Estados-membros, o Tribunal Constitucional exige a autorização prévia do Parlamento alemão, nos termos e com o alcance a definir nas *Leis Complementares*. De uma forma assertiva, o Tribunal Constitucional considera a decisão unânime do Conselho, requerida nas cláusulas evolutivas, que transforma competências nacionais em competências da União, como uma garantia insuficiente da identidade soberana da Alemanha enquanto Estado-membro. Por razões que se prendem com o seu entendimento do princípio democrático, articulado com o papel que atribui aos povos dos Estados-membros como verdadeiros titulares do poder constituinte, incluindo sob a forma de habilitação constitucional, o Tribunal afirma que nestes casos de revisão informal dos Tratados se torna indispensável a manifestação de vontade prévia e concordante por parte do Parlamento alemão. O Executivo não pode decidir sozinho a posição que vincula a Alemanha no seio do Conselho Europeu ou do Conselho da União Europeia.

c) O teste judicial da "identidade constitucional" ou a defesa da última fronteira do Estado soberano

6. O Tratado de Lisboa não sujeita a União Europeia a uma mudança radical e definitiva de identidade genética. E, contudo, as alterações que introduz, seja em relação ao mapa das competências seja em relação aos procedimentos de decisão, levam mais longe do que nunca o processo de federalização da União. Fiel ao método comunitário da evolução por etapas, o Tratado de Lisboa imprime uma certa aceleração ao *processo de mutação em curso da União Europeia*. Não querendo travar o andamento do processo, o Tribunal Constitucional reserva-se, no entanto, o direito de, em primeiro lugar, qualificar o estádio actual de evolução da União Europeia, em segundo lugar, caracterizar com rigor as características associadas à fase actual e, finalmente, afirmar, por palavras que não deixam lastro para interpretações mitigadoras, o seu poder de fiscalização da constitucionalidade do direito derivado da União Europeia.

7. A União Europeia é uma associação de Estados soberanos ("*Staatenverbund*") que beneficia, nos termos consentidos pela cláusula europeia da Lei Fundamental (v. artigo 23.º, n.º 1), de uma autorização para exercer poderes soberanos[5]. A sua eventual transformação em Federação ("*Bundesstaat*") exigiria uma nova Constituição e a renúncia expressa ao actual estatuto de Estado soberano.

O conceito de associação ("Verbund") designa aqui uma união estreita e de longo prazo entre Estados, cujas regras fundamentais dependem da vontade soberana dos Estados, cujos povos conservam a titularidade do poder constituinte e o estatuto de fontes de legitimidade democrática. Note-se que a reafirmação expressa da função dos Estados-membros como "*Senhores dos tratados*" não é feita apenas

[5] Ainda no quadro definido pelo Tratado de Maastricht, tendo como referência a cláusula europeia do artigo 7.º, n.º 6, da Constituição Portuguesa, chegámos a uma definição da natureza própria da União que, sobrevivendo ao Tratado de Lisboa, continuará a marcar as fronteiras de progressão *desta* União Europeia: "uma União de Estados soberanos que, por via pactícia e com fundamento nas respectivas Constituições, decidiram exercer em comum poderes de soberania" (in *A teoria dos poderes implícitos e a delimitação de competências entre a União Europeia e os Estados-membros*, Lisboa, Lex, 1997, p. 568).

a propósito do poder primário e exclusivo de revisão dos tratados institutivos, mas também quando se trata de fundamentar o direito de fiscalizar o modo como os Tratados são aplicados, pelo legislador da União e pelos tribunais comunitários, em particular o Tribunal de Justiça[6]. Para o Tribunal de Karlsruhe, os tribunais constitucionais não podem ficar privados da responsabilidade que a Constituição lhes confia em relação ao respeito dos limites pactícios da integração e à salvaguarda do núcleo inalienável da identidade constitucional (v. *Decisão*, considerando 336).

8. A cláusula constitucional de abertura ao Direito da União Europeia (v. artigo 23.º) enquadra e legitima a participação da Alemanha no processo de integração europeia, desde que observados dois limites fundamentais: 1) o respeito pela condição de Estado soberano, o que implica, em particular, uma aplicação estrita do princípio da competência por atribuição, de forma a evitar, pela via da interpretação extensiva, o alargamento abusivo das competências da União a matérias não abrangidas pela autorização pactícia; 2) o respeito pela identidade constitucional dos Estados-membros.

Por várias razões, o princípio da competência atribuída é, desde sempre, um elemento central no raciocínio desenvolvido pelo Juiz constitucional alemão em torno dos limites jurídicos sobre os quais assenta o modelo eurocomunitário de competências. Existe mesmo uma tensão dialéctica, indevidamente desvalorizada, entre, por um lado, a previsão expressa pelos Tratados do princípio da tipicidade da competência (v. artigo 5.º, n.º 1, do Tratado da Comunidade Europeia, reconduzido com uma formulação mais explícita, pelos artigos 4.º, n.º 1, e 5.º, n.ºs 1 e 2, do Tratado da União Europeia, na versão resultante do Tratado de Lisboa) e, por outro lado, uma orientação interpretativa seguida pelo Tribunal de Justiça, de leitura ampliativa das normas de habilitação, mesmo que tal conduza a soluções

---

[6] Sobre o fundamento contratualista dos poderes jurídicos da União Europeia, v. Maria Luísa DUARTE, "A Constituição Europeia e os direitos de soberania dos Estados-membros – elementos de um aparente paradoxo", in *Estudos de Direito da União e das Comunidades Europeias*, Coimbra Editora, vol. II, 2006, p. 410 e segs.

destituídas de uma honesta base jurídica no Tratado[7]. Em contrapartida, o segundo limite indicado, respeitante à garantia da identidade constitucional do Estado-membro, requer maior detença na análise dos seus fundamentos e implicações.

9. A identidade da Constituição corresponde aos segmentos normativos que, dada a sua relevância subordinante, são insusceptíveis de revisão (v. artigo 79.º, n.º 3) ou de modificação por via de limitação da soberania sob forma pactícia (v. artigo 23.º, n.º 1). Este núcleo identitário abrange as matérias catalogadas como limites expressos de revisão pelo artigo 79.º, n.º 3 – a divisão da Federação em Estados, a participação destes no processo legislativo, os princípios vertidos no artigo 1.º e artigo 20.º, respeitantes ao estatuto inviolável da dignidade da pessoa humana e aos correlativos direitos fundamentais.

Com este alcance, a identidade constitucional como limite ao direito da União Europeia é, importa sublinhá-lo, um corolário do princípio da delegação de poderes, através do qual os Estados soberanos atribuem à União o exercício de poderes originariamente estaduais e enquadrados pelas respectivas Constituições. Assim, a ideia impõe-se com rotunda autoridade: o que os Estados, enquanto titulares originários dos poderes, estão proibidos de fazer, a União Europeia, por maioria de razão, que exerce os poderes por delegação, também não pode fazer.

10. Este espaço de inibição ou reserva constitucional não abrange unicamente as matérias formalmente catalogadas como limites expressos de revisão. O Juiz constitucional foi mais longe na sua vontade de definir a hodierna ontologia do Estado soberano, enquadrado pelo texto de uma concreta Constituição: "*A integração europeia*

---

[7] Um caso paradigmático é o da jurisprudência do Tribunal de Justiça sobre o suposto fundamento comunitário de harmonização das legislações nacionais em matéria penal – v. Acórdão TJCE, de 13 de Setembro de 2005, Proc. C-176/03, *Comissão c. Conselho*, seguido de decisão no mesmo sentido no acórdão de 23 de Outubro de 2007, Proc. C-440/05, *Comissão c. Conselho*. Com anotação crítica sobre o primeiro aresto, v. o nosso "Tomemos a sério os limites de competência da União Europeia – a propósito do acórdão do Tribunal de Justiça de 13 de Setembro de 2005", in *Estudos de Direito da União e das Comunidades Europeias*, Coimbra Editora, 2006, II, p. 356.

com base numa associação de Estados soberanos (...) não pode ser realizada de um modo que retire aos Estados um espaço suficiente de decisão política sobre as circunstâncias da vida no âmbito económico, cultural e social" (v. *Decisão*, considerando 249). Integram esta fórmula aquelas áreas de particular acuidade no desenvolvimento das formas de cidadania e dos direitos dos cidadãos – v.g. esfera privada, segurança social, outras políticas sociais, cultura, história, língua, espaço de dinamização dos partidos políticos e do Parlamento, liberdade de imprensa, liberdade religiosa, sistema educativo, financiamento público.

Com um tal grau de abertura, o núcleo identitário da Constituição surge associado a um conjunto flexível e até variável de princípios e valores. Cumpre perguntar: a quem compete submeter a legislação da União Europeia ao controlo da identidade constitucional?

11. O Tribunal Constitucional alemão deixa claro que pode sujeitar "*os instrumentos normativos aprovados pelas instituições e órgãos da União*" a uma fiscalização de duplo objectivo: por um lado, o controlo de repartição de competência; por outro lado, o controlo da identidade constitucional (v. *Decisão*, considerando 241).

Na jurisprudência "Solange II" (1986), o Juiz alemão concluíra, com base no acervo jurisprudencial, que o Tribunal de Justiça assegurava um nível equivalente de protecção dos direitos fundamentais ao previsto e exigido pela Lei Fundamental; poderia, assim, *enquanto* se mantivesse o referido nível de tutela, confiar ao Tribunal de Justiça o controlo de validade dos actos comunitários. A situação é completamente diferente quando o que está em causa é o controlo dos limites da competência exercida pelo decisor da União ou o controlo de conformidade com o núcleo identitário da Constituição. Nem no primeiro caso, nem no segundo, a fiscalização poderia ser entregue, exclusivamente, ao Tribunal de Justiça. Podemos, pois, considerar que a estratégia *Solange II*, reflectida numa decisão de auto-suspensão do poder de controlo da constitucionalidade, não foi abandonada, mas só será invocável em relação à tutela dos direitos fundamentais. Mesmo em relação a este ponto, uma vez que a violação de direitos fundamentais por acto jurídico da União é susceptível de colidir com o núcleo essencial da Lei Fundamental, pode o Tribunal Constitucional alemão considerar reunidas as condições para recuperar e exercer a sua competência fiscalizadora[8].

Em relação aos limites decorrentes do princípio da competência atribuída e do princípio da subsidiariedade, o Juiz comunitário segue, como vimos, uma directriz assumida de ampliação dos poderes jurídicos da União, apoiado sobre a representação de uma "*certa ideia da Europa*"[9]. Quando se trata de interpretar as normas dos Tratados, o Tribunal de Justiça concentra a sua capacidade argumentativa na demonstração da tese mais favorável ao exercício das competências pela União, ainda que para isso tenha de ignorar outras disposições relevantes dos Tratados e o significado limitador dos princípios da competência atribuída e da subsidiariedade[10].

Já no que toca ao controlo da identidade da Constituição, não faria sequer sentido pretender que o Tribunal de Justiça pudesse exercer uma missão que, por natureza, só pode integrar o âmbito da jurisdição dos tribunais constitucionais ou equivalentes dos Estados-membros. Com efeito, se o controlo dos limites de competência ainda envolve um juízo de desvalor baseado na parametricidade dos Tratados, já o controlo da identidade constitucional concretiza uma

---

[8] Pensemos, por exemplo, na forte reacção crítica provocada pela jurisprudência do Tribunal de Justiça no caso *Vicking*, de 11 de Dezembro de 2007 (v. Proc. C-438/05) e no caso *Laval*, de 18 de Dezembro de 2007 (v. Proc. C-341/05) como exemplos de uma orientação pretoriana sistematicamente favorável ao mercado, ainda que contrária à protecção de direitos sociais dos trabalhadores, como o direito à greve e o direito de manifestação colectiva.

[9] Recordem-se as palavras de Pierre Pescatore, porventura o juiz que mais influenciou o papel "activista" do Tribunal de Justiça: "*O raciocínio do Tribunal mostra que os juízes têm «uma certa ideia da Europa» que lhes é própria, e é esta ideia que foi decisiva e não os argumentos decorrentes das especificidades técnico-jurídicas*" (in "The doctrine of "direct effect": an infant disease of Community Law", in *European Law Review*, 1983, n.º 3, p. 157).

[10] Refira-se, a propósito, um aresto deveras ilustrativo desta peculiar abordagem retórica – no Acórdão de 16 de Maio de 2006 (v. Proc. C-372/04, caso *Watts*), o Tribunal, instado a pronunciar-se sobre a questão de saber se os Tratados obrigam ou não os Estados-membros a garantir o reembolso das despesas médicas contraídas noutro Estado-membro, ainda que o sistema nacional de saúde não preveja o reembolso como modalidade de prestação dos cuidados de saúde, concluiu no sentido da existência de uma tal obrigação que resultaria do artigo 49.º Tratado CE, relativo à livre prestação de serviços, e ignorou a relevância do artigo 152.º, n.º 5, Tratado CE que reconhece aos Estados-membros uma competência própria e exclusiva em matéria de organização e de prestação de cuidados de saúde.

apreciação de conformidade dos actos comunitários *com* a *Constituição do Estado-membro.*

12. Na Decisão de 30 de Junho de 2009, o Tribunal Constitucional alemão, quando caracteriza o seu poder de fiscalização sobre os limites de actuação jurídica da União, refere tanto o caso de violação da base jurídica como a situação ilegítima da interpretação extensiva, equivalente a uma revisão informal e ilegal dos Tratados (v. *Decisão*, considerando 338).

Neste cenário, marcado pela invocação assertiva do dever de garantir a supremacia da Constituição, mesmo que tal implique o controlo da validade dos actos comunitários, coloca-se, com toda a pertinência, a velha e recorrente questão do primado do Direito da União Europeia. Diga-se, em abono do Tribunal de Karlsruhe, que este não evitou o problema. Com efeito, depois de desvalorizar o significado da Declaração n.º 17, anexa ao Tratado de Lisboa, que se limita a remeter para a jurisprudência sobre a matéria, o Tribunal sentencia que a Alemanha "*não reconhece o primado absoluto de aplicação do Direito da União*", o que seria, aliás, contrário à Constituição (v. *Decisão*, considerando 331).

Com esta proclamação, o Tribunal Constitucional alemão não rejeita o primado como princípio de aplicação preferente das normas comunitárias, nem entra em conflito com a jurisdição própria do Tribunal de Justiça enquanto "juiz legal". O objectivo passa antes por uma relativização do primado e por uma eventual limitação da competência exclusiva do Tribunal de Justiça no controlo da validade das normas comunitárias, uma e outra ditadas pela necessidade de acautelar valores superiores de fonte constitucional.

13. No estádio actual de evolução do Direito da União Europeia, o princípio do primado, sinónimo de prioridade aplicativa da norma comunitária numa relação de conflito com a norma nacional, atingiu uma fase adulta de reconhecimento e de maturidade que dispensa a doutrina musculada e sacralizadora das primeiras doutrinações sobre a matéria. Importa reconhecê-lo: a visão tradicional sobre o primado, como exigência absoluta e incondicional de prevalência da norma comunitária, condição obrigatória da autonomia da ordem jurídica eurocomunitária, está ultrapassada[11]. O próprio Tribunal de Justiça tem proferido algumas decisões em matéria de direitos fundamentais que flexibilizam o princípio do primado, concedendo a prioridade aplicativa à norma, ainda que nacional, que garanta o nível mais elevado de protecção[12].

Por outro lado, se é certo que o Tribunal Constitucional se reconhece o poder de fiscalizar a validade de normas comunitárias e de decidir, eventualmente, no sentido da sua desaplicação na ordem jurídica interna, também admite que uma tal prerrogativa será exercida a título excepcional, sob condições especiais e restritivas (v. *Decisão*, considerando 340). Circunscrito, assim, por critérios de excepcionalidade e necessidade constitucional, percebe-se que o procedimento de fiscalização da constitucionalidade de normas comunitárias não representará uma ameaça para o princípio do primado e para a exigência de autonomia da ordem jurídica da União Europeia.

14. A este propósito, o Tribunal Constitucional alemão cita o acórdão do Tribunal de Justiça no caso *Kadi* que ilustra, com particular pertinência, a adesão a um critério de prevalência normativa à luz de razões imperativas de defesa de valores superiores[13]. O Tribunal de Justiça, contrariando o princípio do primado do Direito Internacional Público e, em particular, a insindicabilidade contenciosa das resoluções do Conselho de Segurança das Nações Unidas, concluiu pela invalidade do regulamento comunitário relativo à aplicação de resoluções do Conselho de Segurança sobre o congelamento de fundos pertencentes a particulares, por violação de direitos fundamentais. Como acto de aplicação, a invalidade do regulamento comunitário pressupõe um juízo de desvalor sobre as resoluções do Conselho de Segurança. Assim, como é sublinhado pelo Juiz alemão, o Tribunal de Justiça preferiu uma solução que, oposta a uma concepção estrita de hierarquia ou de prevalência formal entre normas, permitiu salva-

---

[11] Para um desenvolvimento das razões que sustentam a afirmação, v. Maria Luísa DUARTE, *União Europeia e Direitos Fundamentais – no espaço da internormatividade*, Lisboa, AAFDL, 2006, p. 270 e segs.

[12] Neste sentido, acórdãos proferidos sobre o caso *Schmidberger*, de 12 de Junho de 2003 (v. Proc. C-112/00) e caso *Omega*, de 14 de Outubro de 2004 (v. Proc. C-36/02).

[13] V. Procs. C-402/05 P e C-415/05 P, de 3 de Setembro de 2008.

guardar valores identitários da União de Direito (v. *Decisão*, considerando 340).

Por uma elementar exigência de coerência, ao Tribunal de Justiça, que assim decidiu no caso *Kadi*, faltarão argumentos para, no futuro, se opor à legitimidade de uma eventual decisão de inconstitucionalidade sobre acto comunitário proferida por um tribunal nacional no exercício de competência própria de garantia subsidiária da Constituição do respectivo Estado-membro. A nosso ver, o acórdão *Kadi*, como antes os arestos sobre os casos *Schmidberger* e *Omega*[14], concretizam a dimensão judicial do funcionamento em rede de uma pluralidade de ordenamentos normativos (internormatividade), articulados entre si numa relação baseada na escala diferenciada de valores em substituição da tradicional hierarquia entre normas ou entre ordenamentos jurídicos[15].

II. A beneficiosa replicação do exemplo alemão – o problema na perspectiva da Constituição Portuguesa

15. Recordamos ao paciente leitor que analisamos uma decisão proferida pelo tribunal constitucional de um Estado-membro. Um entre vinte e sete[16]. No processo de ratificação do Tratado de Lisboa, a Alemanha foi um entre iguais, mas no quadro de aplicação das novas regras de decisão sairá reforçado o seu papel de actor principal.

---

[14] V. supra nota 12.

[15] Sobre a concepção de internormatividade aplicada à relação de base triangular entre o ordenamento eurocomunitário, os ordenamentos nacionais e o ordenamento europeu (CEDH), v. Maria Luísa Duarte, *União Europeia e Direitos Fundamentais...*, cit. p. 22 e segs.; p. 367 e segs.

[16] Também em França e na República Checa, o Tratado de Lisboa foi sujeito ao crivo da constitucionalidade, prévio à sua ratificação. Através de decisão de 20 de Dezembro de 2007, o Conselho Constitucional francês considerou necessária a revisão da Constituição para garantir a adequação a certas exigências previstas no Tratado de Lisboa, mormente sobre as matérias do mandado de detenção europeu e a participação da Assembleia Nacional e do Senado nos procedimentos legislativos da União Europeia. Por seu lado, o Tribunal Constitucional checo foi chamado por duas vezes a tomar posição sobre o Tratado de Lisboa, e concluiu, primeiro em 26 de Novembro de 2008 e, passado quase um ano, em 3 de Novembro de 2009, pela ausência de incompatibilidades com o texto da Constituição da República Checa.

Por outro lado, e a experiência passada é disso testemunho, uma decisão do Tribunal Constitucional alemão carrega consigo uma autoridade doutrinária que alerta o Juiz comunitário para os benefícios do "diálogo de juízes" e representa para os tribunais nacionais congéneres uma influente fonte de inspiração.

16. Em Portugal, a repercussão do exemplo alemão seria natural, tendo em conta, por um lado, a afinidade entre a Lei Fundamental de Bona e a Constituição Portuguesa no que se refere à cláusula constitucional de limitação de soberania por facto da integração europeia e, por outro lado, a condição específica de Portugal como Estado-membro de média dimensão, ainda mais dependente do que a Alemanha da protecção por mecanismos jurídicos do seu estatuto de Estado soberano. **O Direito sempre foi, no contexto das relações internacionais, a voz dos Estados que têm razão, mas não têm a força para a impor**. No palco próprio da União Europeia, a dinâmica política de integração gera cenários de assinalada vulnerabilidade para a defesa dos interesses vitais dos Estados-membros de pequena e média dimensão. Para estes, se perdida a batalha da negociação política no seio do Conselho, ainda resta a nova via aberta pelo Tratado de Lisboa de intervenção do Parlamento nacional, bem como, se perdida a batalha da impugnação de validade junto do Tribunal de Justiça, ainda existe a via excepcional da fiscalização da constitucionalidade.

17. Conforme resulta da Decisão de 30 de Junho de 2009, a aplicação do Tratado de Lisboa implica deveres qualificados de vigilância por parte do Parlamento nacional e do Tribunal Constitucional. De forma sumária, vamos ver por que meios e procedimentos poderão estes dois órgãos de soberania desempenhar, no futuro, um papel efectivo no processo de participação de Portugal na União Europeia, no exercício das respectivas funções.

18. A Constituição Portuguesa estipula no seu artigo 163.º, alínea f), que compete à Assembleia da República, no exercício de poderes de articulação com outros órgãos:

> "*Acompanhar e apreciar, nos termos da lei, a participação de Portugal no processo de construção da união europeia*".

Em sede de competência política e legislativa, o artigo 161.º, alínea n), determina que cabe à Assembleia da República:

> "*Pronunciar-se, nos termos da lei, sobre as matérias pendentes de decisão em órgãos no âmbito da União Europeia que incidam na esfera da sua competência legislativa reservada*".

A Lei n.º 43/2006, de 25 de Agosto, regula a natureza e as modalidades que assumem os poderes da Assembleia da República "*no acompanhamento, apreciação e pronúncia no âmbito do processo de construção da União Europeia*". A intervenção parlamentar resume-se, no essencial, ao direito de ser informada pelo Governo "*sobre os assuntos e posições a debater nas instituições europeias, bem como as propostas em discussão*" (v. artigo 5.º) e ao direito de se pronunciar, a pedido do Governo ou por sua iniciativa, sobre questões pendentes de decisão nas instituições e órgãos da União Europeia. Trata-se, contudo, de uma intervenção muito limitada nos seus efeitos. A Assembleia toma posição através de pareceres (v. artigos 1.º, 2.º e 3.º) ou de resoluções (v. artigos 3.º, n.º 1, e 7.º, n.º 5) que não vinculam o Governo. Trata-se, por isso, de uma participação de cunho puramente político, a roçar mesmo o nível da irrelevância se o Governo contar com o apoio de uma maioria absoluta. Não se compreende uma tal solução, sobretudo em relação às matérias que integram a competência legislativa reservada da Assembleia da República e são objecto de proposta de acto comunitário normativo. Pelo menos em relação a estas, a resolução da Assembleia da República deveria vincular o Governo em relação aos pontos fundamentais da negociação em curso.

19. O Tratado de Lisboa reforça o papel dos Parlamentos nacionais no concerto institucional da União Europeia, ao especificar as regras e procedimentos que lhes permitem uma actuação mais efectiva no processo legislativo e, em especial, quando está em causa a observância do princípio da subsidiariedade (v. *Protocolo relativo ao papel dos parlamentos nacionais na União Europeia;* v. *Protocolo relativo à aplicação dos princípios da subsidiariedade e da proporcionalidade*)[17].

---

[17] V. texto in Maria Luísa DUARTE / Carlos Alberto LOPES, *Tratado de Lisboa. Versão consolidada*, Lisboa, AAFDL, 2008, p. 325 e p. 328, respectivamente.

A intervenção do órgão parlamentar pode mesmo assumir a forma inédita de um recurso de anulação do acto legislativo, instaurado junto do Tribunal de Justiça, por alegada violação do princípio da subsidiariedade (v. artigo 8.º do Protocolo relativo à aplicação dos princípios da subsidiariedade e da proporcionalidade). Em contrapartida, o Tratado de Lisboa representa um risco sério de esvaziamento dos poderes actuais dos Parlamentos dos Estados-membros ao prever, por via de revisão simplificada dos Tratados, a substituição da regra da unanimidade pela regra da maioria qualificada (v. artigo 48.º, n.º 7, UE). Sobre matérias tão importantes como sejam as decisões relativas à Política Externa e de Segurança Comum (v. artigo 31.º, n.º 3, UE), Cooperação Judiciária em matéria civil (v. artigo 81.º, n.º 3, TFUE), condições de trabalho (v. artigo 153.º, n.º 2, TFUE), protecção ambiental (v. artigo 192.º, n.º 2, TFUE), quadro financeiro plurianual (v. artigo 312.º, n.º 2, TFUE), o Conselho Europeu pode adoptar, por unanimidade, uma decisão que determine que passa a deliberar por maioria qualificada (cláusulas-passarela).

O artigo 48.º, n.º 7, UE, estabelece, expressamente, que a proposta de revisão dos Tratados no sentido da substituição da unanimidade pela maioria qualificada deve ser comunicada aos Parlamentos nacionais e, em caso de oposição de um Parlamento nacional, a decisão não pode ser adoptada. O mesmo entendimento se deve aplicar às cláusulas-passarela que, como vimos, sobre várias matérias, permitem a passagem à regra da maioria qualificada ou ao processo legislativo ordinário. Embora estas cláusulas-passarela avulsas não prevejam a participação dos Parlamentos nacionais, esta deve considerar-se como pressuposta pelo âmbito geral do artigo 48.º, n.º 7, UE[18].

20. Ainda no respeitante ao papel reservado pelo Tratado de Lisboa aos Parlamentos nacionais, cumpre assinalar o artigo 49.º UE que, em relação ao procedimento de adesão de novos Estados, estipula que Parlamento Europeu e Parlamentos nacionais sejam informados do pedido.

---

[18] Neste sentido, Decisão do Tribunal Constitucional alemão (v. considerando 416).

21. À semelhança do que se verificou em França e na Alemanha, impõe-se uma alteração profunda da legislação relativa aos poderes da Assembleia da República sobre as matérias pendentes de decisão em órgãos da União Europeia, no sentido de garantir ao órgão parlamentar um controlo efectivo sobre as seguintes questões:

a) alargamento da União Europeia, na sequência de um novo pedido de adesão;
b) revisão dos Tratados através de procedimento simplificado (v. artigo 48.º, n.ºs 6 e 7, UE);
c) activação das cláusulas-passarela;
d) aplicação do princípio da subsidiariedade, com a adopção do respectivo parecer fundamentado;
e) apreciação das propostas de actos legislativos pendentes de decisão dos órgãos da União Europeia sobre matéria da competência legislativa reservada da Assembleia da República;
f) recurso de legalidade para o Tribunal de Justiça de actos legislativos da União Europeia por violação do princípio da subsidiariedade, a instaurar pelo Governo em nome da Assembleia da República.

Sobre estas questões, a posição a definir pela Assembleia da República será vinculativa para o Governo que, em conformidade, exercerá o seu direito de voto no Conselho Europeu ou apresentará o recurso perante o Tribunal de Justiça. Em relação à revisão simplificada dos Tratados, seja pela via do artigo 48.º, n.os 6 e 7, UE seja pela via das cláusulas-passarela, defendemos que, em futura revisão constitucional, a votação sobre estas matérias e, sobretudo, a aprovação de tratados de revisão aos tratados institutivos da União Europeia se faça por maioria qualificada de 2/3 dos Deputados em efectividade de funções, por analogia com a maioria de revisão constitucional (v. artigo 286.º da Constituição).

22. O enxerto no artigo 8.º da Constituição de uma cláusula expressa de reconhecimento do primado aos "*tratados que regem a União Europeia e as normas emanadas das suas instituições*" não alterou, de modo substancial, a situação anterior à revisão de 2004. Em relação ao primado, a prioridade aplicativa do Direito da União Europeia já resultaria do artigo 8.º, n.º 3, em articulação com a cláusula europeia do artigo 7.º, n.º 6. No tocante ao Tribunal Constitucional, este conserva o seu estatuto de guardião-mor da Constituição que, sublinhe-se, não isenta as normas comunitárias do processo de fiscalização da constitucionalidade [v. artigo 277.º, n.º 1; artigo 280.º, n.º 1; artigo 281, n.º 1, alínea a)][19]. A competência de velar pela Constituição, pelo menos no respeitante ao seu *núcleo identitário*, foi mesmo reforçada pela redacção do n.º 4 do artigo 8.º na parte em que estabelece que o "*respeito pelos princípios fundamentais do Estado de direito democrático*" é um limite ao primado[20]. De acordo com uma perspectiva actualizada do primado, tal como nos é proposto pela visão conciliadora do Juiz Constitucional alemão, trata-se de uma exigência relativa e adaptável às circunstâncias concretas do conflito internormativo que o convoca.

23. No conflito que opõe duas normas, a sua superação envolve, de modo necessário, a interpretação das disposições colidentes. No caso vertente, a antinomia entre norma constitucional e norma comunitária pressupõe, pois, a intervenção do respectivo juiz legal. Admitimos, pois, que o Tribunal Constitucional, se instado a decidir sobre a alegada violação dos "*princípios fundamentais do Estado de direito*

[19] Temos sustentado, e por maioria de razão no cenário proposto pela jurisprudência em análise, que seria importante, basicamente por razões de certeza jurídica, sujeitar o artigo 277.º da Constituição a uma alteração que passaria, por analogia com o seu n.º 2, a garantir a aplicação da norma comunitária, ainda que contrária à Constituição, salvo se a inconstitucionalidade se traduzir na violação de regras e princípios do núcleo essencial e identitário da Constituição ou, adoptando a fórmula constitucional do artigo 7.º, n.º 6, e do artigo 8.º, n.º 4, na transgressão de "*princípios fundamentais do Estado de direito democrático*" – v. Maria Luísa DUARTE, *União Europeia e Direitos Fundamentais*..., cit., p. 280.

[20] Em estudo de 1993, anterior ao aresto de Tribunal Constitucional alemão sobre as exigências de defesa da Lei Fundamental na sua relação com o Tratado de Maastricht, caracterizámos o *núcleo essencial* da Constituição Portuguesa por referência à ideia de intangibilidade, própria de uma tradução pétrea da Ideia de Direito inspiradora, no tempo e no espaço, de um concreto texto constitucional. O núcleo essencial abarca princípios estruturantes, como o princípio da independência nacional, o princípio democrático, o princípio do nível mais elevado de protecção dos direitos fundamentais, o princípio da separação de poderes, o princípio do juiz natural, o princípio da tutela judicial efectiva, e não dispensa a tutela de valores primordiais, como são a dignidade da pessoa humana, a justiça, a igualdade, a solidariedade social. A referência textual não pode deixar de ser o artigo 288.º, embora não funcione como base exclusiva de identificação da relação de pertença de princípios e valores ao núcleo essencial da Constituição – in *O Tratado da União Europeia*..., cit., p. 704.

democrático" por norma comunitária, deva colocar uma questão prejudicial de interpretação ao Tribunal de Justiça sobre o verdadeiro alcance da disposição normativa da União, ao abrigo do artigo do artigo 267.º TFUE. Embora vinculado pela interpretação que venha a ser dada pelo Tribunal de Justiça, é ao Tribunal Constitucional que compete determinar o exacto sentido da norma ou normas constitucionais em causa e, em conformidade, concluir pela existência ou não de inconstitucionalidade. Se se verificar o vício de inconstitucionalidade, a norma comunitária será desaplicada.

24. No passado, a posição adoptada pelo Tribunal Constitucional sobre a situação de potencial conflito entre as normas comunitárias e a Constituição Portuguesa permitiu a resolução do problema de modo compatível com o princípio do primado[21]. A experiência demonstra, também em relação à jurisprudência do Tribunal Constitucional alemão, que são de manifestação muito excepcional os casos de verdadeira e inapelável contradição entre norma comunitária e Constituição[22]. A desaplicação da norma comunitária por inconstitucionalidade, sendo de ocorrência excepcional, desdramatiza as consequências práticas do primado selectivo da Constituição e, ao mesmo tempo, sublinha a função do Tribunal Constitucional como garante da identidade constitucional do Estado, ainda que a sua intervenção seja meramente subsidiária.

---

[21] Sobre a jurisprudência do Tribunal Constitucional neste domínio, v. Maria Luísa Duarte / Carla Amado Gomes, "Portugal", in Javier Tajadura / Josu de Miguel (coord.), *Justicia Constitucional y Unión Europea*, Madrid, 2008, p. 272 e segs.

[22] Mesmo depois de, na Decisão de 12 de Outubro de 1993, se ter reconhecido o poder de escrutinar os actos jurídicos da União, o Juiz Constitucional alemão manifestou particular rigor na apreciação da admissibilidade de recursos de inconstitucionalidade contra actos comunitários. No caso *Bananas*, de 7 de Junho de 2000, rejeitou o fundamento do pedido e aproveitou para precisar os critérios de articulação entre a doutrina *Solange II* e a Decisão de 12 de Outubro de 1993. Em 2005, estando em causa a Decisão-quadro relativa ao mandado de detenção europeu, o Tribunal de Karlsruhe emitiu um veredicto negativo, mas dirigido ao legislador nacional por não ter exercido no acto de transposição a margem de livre conformação admitida pela Decisão-quadro. Sobre a mesma questão sensível, relacionada com a extradição e a entrega de cidadãos nacionais, o Tribunal Constitucional polaco declarou a inconstitucionalidade da legislação nacional de transposição e a Cour d'Arbitrage belga colocou ao Tribunal de Justiça uma questão prejudicial de validade sobre a Decisão-quadro – texto das citadas decisões judiciais reproduzido in Maria Luísa Duarte / Pedro Delgado Alves, *União...*, cit., p. 131 e 523 e segs., respectivamente.

III. Notas finais

25. O reflexo mais virtuoso da jurisprudência definida na Decisão de 30 de Junho de 2009 é, em nossa opinião, o de demonstrar que a Constituição nacional não se esgotou, nem está reduzida a uma dimensão intermédia de legitimação do fenómeno político na União Europeia.

26. O artigo 4.º, n.º 2, do Tratado da União Europeia, na versão resultante do Tratado de Lisboa, explicita o compromisso solene por parte da União Europeia de respeitar:

> *"(...) a igualdade dos Estados-membros perante os Tratados, bem como a respectiva identidade nacional, reflectida nas estruturas políticas e constitucionais fundamentais de cada um deles (...)".*

De forma clara, os Tratados admitem o pressuposto estruturante da coabitação necessária entre o Direito da União Europeia e as Constituições dos Estados-membros. É empobrecedor, também desajustado, o discurso típico e recorrente sobre o constitucionalismo europeu que, por supostas razões imperiosas de aprofundamento da integração europeia, coloca os Tratados, incluindo a autoridade doutrinadora do Tribunal de Justiça, no lugar historicamente ocupado pelas Constituições nacionais. Os acontecimentos recentes – o abandono do projecto de Constituição Europeia, a continuidade garantida pelo Tratado de Lisboa, o expresso reconhecimento da "identidade nacional" como última fronteira do Estado soberano a respeitar pela União Europeia, a jurisprudência definida pelo Tribunal Constitucional alemão – apontam, justamente, no sentido de uma revalorização do papel garantístico das Constituições dos Estados-membros.

27. No estádio actual de evolução da União Europeia, a Constituição nacional mantém uma dupla e primordial função: por um lado, fundamenta e legitima o próprio processo de integração europeia em que está empenhado cada Estado-membro e, por outro lado, inspira a formação de um lastro comum de regras e princípios subordinados pela Ideia de Direito que condiciona o funcionamento do Estado de Direito e, em última análise, programa o devir da União Europeia como entidade política com aspiração constitucional.

28. Com o sentido que o Tribunal Constitucional alemão atribui à Lei Fundamental e pela forma como se propõe, se necessário, exercer o seu poder de garante da Constituição, fica, definitivamente, comprometida a solução de uma Europa federal, construída através do método comunitário dos pequenos passos. O método que se revelou adequado na impulsão do processo de integração económica não serve para garantir uma definitiva integração política. A criação da Federação requer um voto expresso e inequívoco de legitimação, a exercer nos termos definidos pelas Constituições dos Estados-membros. Num futuro mais ou menos próximo, os actuais Estados soberanos poderão abdicar da sua prerrogativa constituinte em favor da União Europeia, mas uma tal transformação, radical e profunda, não é defensável como mero desenvolvimento constitucional do processo de construção europeia em curso.

29. A ênfase dada pelo Tribunal Constitucional alemão à força vinculadora das regras vertidas nos Tratados chamou a nossa atenção para um problema que importa considerar como sério. Os Tratados institutivos funcionam como *estatuto jurídico* do *político* e são, por isso, no plano funcional equivalentes a uma constituição. Assim sendo, as suas normas revestem especial força jurídica que condiciona o programa de integração desenvolvido e executado pela União Europeia. Verifica-se, porém, que a pretexto de uma interpretação actualista e teleológica das disposições dos Tratados, o Tribunal de Justiça não se coíbe de expandir o escopo da integração e de restringir os poderes retidos pelos Estados-membros. A jurisprudência activista do Tribunal de Justiça contribuiu, afinal, para fazer dos Tratados um pacto constitucional de autoridade nominal ou espúria. O traçado exacto da linha delimitadora das competências soberanas dos Estados-membros fica mais dependente da visão integracionista do Juiz comunitário do que, como deveria ser, dos limites previstos nos Tratados e aprovados por todos os Estados-membros, em conformidade com as respectivas Constituições, por via de referendo ou de expressa aceitação pelos Parlamentos nacionais. O problema é que os Estados-membros, através da voz unilateral dos respectivos Governos, não se opõem a esta deriva pretoriana. No momento em que uma revisão dos Tratados institutivos é negociada, como aconteceu com o Tratado de Lisboa, os Governos defendem regras mais estritas de definição das competências da União (v.g. artigo 5.º UE e artigo 2.º TFUE). Mais tarde, com o novo Tratado já em aplicação, acatarão, como uma espécie de fatalidade ou especificidade comunitária, soluções jurídicas que, carecidas de apoio no texto das disposições relevantes, constituem uma mera representação dinâmica do metatexto destinado a prevalecer.

30. Neste cenário, a Decisão de 30 de Junho de 2009 é um aviso à navegação, é uma promessa de vigilância sobre o respeito dos limites instituídos pelos Tratados, do qual depende, afinal, a reserva de identidade constitucional de cada Estado-membro. Quanto maior for a probabilidade de um Estado-membro não conseguir, no plano político, travar a adopção pelo decisor da União de actos jurídicos *ultra vires* ou contrários ao núcleo essencial e intangível da sua Constituição, maior será a relevância, potencial ou preventiva, do procedimento excepcional de fiscalização da constitucionalidade do direito derivado da União Europeia. Em Portugal, esta é uma equação que merece devida consideração, pela doutrina e pelos actores políticos.

Lisboa, 24 de Novembro de 2009.

ÍNDICE